자동차로 떠나는 스페인 가족여행

자동차로 떠나는 스페인 가족여행

발행일	2018년 4월 27일		
지은이	김 영		
펴낸이	손 형 국		
펴낸곳	(주)북랩		
편집인	선일영	편집	권혁신, 오경진, 최예은, 최승헌
디자인	이현수, 허지혜, 김민하, 한수희, 김윤주	제작	박기성, 황동현, 구성우, 정성배
마케팅	김회란, 박진관, 유한호		
출판등록	2004. 12. 1(제2012-000051호)		
주소	서울시 금천구 가산디지털 1로 168, 우림라이온스밸리 B동 B113, 114호		
홈페이지	www.book.co.kr		
전화번호	(02)2026-5777	팩스	(02)2026-5747

ISBN   979-11-6299-080-3 03920(종이책)   979-11-6299-081-0 05920(전자책)

이 도서의 국립중앙도서관 출판예정도서목록(CIP)은 서지정보유통지원시스템 홈페이지(http://seoji.nl.go.kr)와
국가자료공동목록시스템(http://www.nl.go.kr/kolisnet)에서 이용하실 수 있습니다.
(CIP제어번호 : CIP2018012294)

스페인과 포르투갈로 떠난
직장인 아빠의 렌터카 가족여행 프로젝트 II

자동차로 떠나는
스페인
가족여행

글/사진 **김 영**

타레가의 기타 선율처럼 아름다운 알함브라 궁전에서 세상의 끝 포르투갈의 호가곶에 이르기까지
12박 13일을 가족과 함께 렌터카로 횡단한 가족의 이베리아 반도 여행기

북랩 book Lab

프롤로그

아빠, 우리 스페인 여행 가요!

지난 5월쯤일까….

린과 대화 중 이탈리아에 대한 이야기를 하게 되었습니다. 이미 린은 이탈리아에 대해서 상당히 많은 것을 알고 있었습니다. 또한 이탈리아 여행 중 자신이 보고 느꼈던 생각을 여과 없이 표현하였습니다. 그런 모습을 보면서

'아, 이래서 여행을 해야 하는구나….'

하는 생각이 들었고 흐뭇한 미소가 지어졌습니다.

이 대화의 시간은 나에게 새로운 에너지를 만들어 주었고, 그 에너지는 새로운 열정을 낳게 하였습니다. 그리고 그 열정은 다시 에너지를 태울 수 있는 불씨가 되었습니다. 그 불씨는 일상을 뒤로하고 다른 세계를 향해 달릴 수 있도록 하는 첫 단추가 되어주곤 했습니다.

'자동차로 떠나는 유럽가족여행'을 다녀왔던 시간이 어느덧 1년이 지나고 있습니다. 좋은 기억으로 남은 장면들이 린과 예린의 기억 속에서 잊히지 않도록 글을 써서 책으로 엮다 보니, 좋았던 일들도 반성하게 되는 점들도 많아집니다.

'시간 안배를 달리했더라면, 조금만 더 잘했더라면…'

하는 아쉬움은 어쩔 수 없는 생각인 듯합니다. 어쨌든 그것이 무엇이 되었든지 에너지가 있을 때 불태우고자 하는 내 생각은 스페인으로 향했습니다.

여행 6개월 전, 다니고 있는 직장에서 인사발령이 있었습니다. 새로운 사람들과 낯선 환경에서 근무한다는 것은 항상 부담스럽습니다. 점점 나이가 들수록 그 부담은 작아지는 듯 커지기도, 커지는 듯 작아지기도 합니다. 하지만 일정한 관성의 법칙이 있는 생활 속에서의 변화는 당사자에게 스트레스를 안겨줍니다. 지금까지의 내 삶이 산전수전을 모두 겪어 보았다고 한다면 자만일지 모르겠지만, 과거에 비해 현재 하고 있는 일들은 개인적으로 정신적 여유와 풍요를 만들어 주고 있습니다. 문서를 만드는 것이 아닌 이런 글을 쓸 시간이 있으니 말입니다.

이 여행 기록은 3가지 목적을 가지고 있습니다.

첫째, 먼 훗날 과거를 되돌아보았을 때 기억을 재생시킬 수 있는 레코드 역할을 할 것입니다.

둘째, 린과 예린의 기억에서 사라질 수도 있는 추억을 상기시킬 기억의 연결고리가 되어 수많은 영감의 씨앗이 되어 줄 것입니다.

셋째, 이 책과 같은 모험과 추억을 자녀들에게 남겨 주고 싶은 독자들에게 좋은 동기부여가 될 것입니다.

우리 아이들에게 여행의 산물인 영감의 열매를 채집하면서 열매에 싹이 틀 수 있도록 즐거움을 머리와 가슴속에 가득 채울 수 있으면 좋겠습니다. 영감의 열매를 채집하기 위해 떠나는 이번 여행에서는 유라시아 대륙 정반대편 나라 스페인, 포르투갈을 여행지로 삼았습니다.

김영

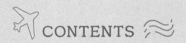 CONTENTS

PART 11 / 세고비아와 마드리드

PART 12 / 마드리드

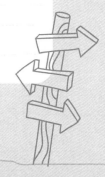

이베리아 반도 여행

TOP6

아빠, 우리 여행 가요!

여행이란?

누군가에게는 힐링이 되고 지적 호기심을 채우는 수단이 되기도 한다. 또한 새로운 세상을 직접 경험하면서 견문을 넓히다 보면 어느 날 기대하지 않고 뜻하지 않았던 생각을 싹트게 하기도 한다.

가족과 함께하는 여행이었기에 나는 린과 예린, 두 자녀에게 여행을 이렇게 정의해 주고 싶다. "여행이란 언젠가 싹이 되어 자라게 되는 영감의 열매를 채집하고 다니는 즐거움이란다." 이 즐거움을 채워주기 위해 유라시아 대륙 정 반대편의 스페인과 포르투갈로 가족과 함께 여행을 떠나보고자 했다.

2016년 1월 '자연과 역사를 더불어 살펴보는 프랑스 스위스 이탈리아 여행'을 주제로 추진했던 첫 유럽 자유여행에서는 가족과 함께하는 여행 경험이 미천했던 아빠로서 부족함이 많았다. 하지만 2017년 2월에 다시 떠났던, '올라! 정열의 스페인!' 여행은 주제처럼 나름 정열적으로 준비한 작품이었다.

12박 13일 동안의 여행을 한 페이지의 여행기로 작성한다는 것은 무척 어려운 일이다. 모든 여행지를 화보로 소개할 수 없기에 '가장 인상 깊었던 이베리아 반도 여행지 TOP 6'를 소개한다.

세상에서 가장 험한 트레킹 코스

1위 '왕의 오솔길'

안달루시아 지방의 초로 폭포와 가아
타네호 폭포 사이에 있는 절벽 사이에
만들어진 좁은 길로 스릴 넘치는 암벽
트레킹이 짜릿한 재미를 선사한다.

드넓게 펼쳐진 대서양이 한눈에 들어오는

2위 '무어성 & 페냐성'

7세기 이슬람 세력인 무어인들에 의해 지어졌다.
무어성 꼭대기에서 바라보는 리스본과 드넓게 펼쳐진
대서양의 풍광이 장관이다.

3위 상상초월 바위산 '몬세라트'(바르셀로나)

유명한 수도원이 있는 바위와 기암괴석의 풍경이 압권이다. 우리나라 울산 바위의 10배를 연상하면 된다.

4위 대륙의 끝 '카보 다 로카(호가곶)'

"여기는 육지가 끝나는 곳이고,
그리고 바다가 시작되는 곳이다."
- 카몽이스

유라시아 대륙의 서쪽 끝단이다. 그 옛날 호가곶은 대서양을 통해 새로운 세계를 향한 모험가들에게 희망의 언덕이었다.

5위 로마시대 극장에 가다 '메리다'

고대 로마 시대(우리나라의 고조선 시기)에 만들어
진 극장과 원형경기장으로 현대건축물과 비교
해도 전혀 손색없는 수준급의 건축물이다.

6위 아름다운 도시 '톨레도'

아름다운 도시 톨레도를 배경으로
사진을 찍으면 모두가 사진엽서가 된다.

PORTUGAL

SPAIN

PART 01

여행 준비

- 출발 전 -

항공권 구입

　여행할 장소가 결정되고 나면 제일 먼저 해야 할 일은 항공권 구입이라고 할 수 있다. 항상 그렇듯 최저가의 금액으로 항공권을 구입하고자 한다면 일찍 서두를수록 유리할 것이다.

　날짜에 대해 가족 모두의 동의를 구한 후 본격적으로 항공권 구입을 시도하였다. 거의 3주 만에 티켓 구입을 하게 되었다. 시간이 오래 걸렸다고 해서 저렴한 금액도 아니었다. 귀국하는 날짜와 설날 명절이 겹쳐서 내가 원했던 금액의 항공권 구입은 불가능하였다. 스페인 여행은 대부분 바르셀로나 출국(In), 마드리드 귀국(Out) 혹은 마드리드 출국(In), 바르셀로나 귀국(Out)인데, 금액이 조금 더 저렴했던 바르셀로나 출국(In), 마드리드 귀국(Out) 항공권으로 발권하게 되었다.

- 항공편: 러시아 항공
- 예약일: 2016년 9월 20일(여행 4개월 전)
- 왕복 4인 예매금액: ₩3,670,800
- 출국: 인천-모스크바(SVO)-바르셀로나(BCN)
- 귀국: 마드리드(MAD)-모스크바(SVO)-인천

여행 경로 및 일정 짜기

　여행 준비과정에서 가장 어렵고 시간이 많이 소요되는 일은 일정을 만드는 과정이다. 주어진 시간과 현지의 여건에 따라 몇 번이고 일정을 변경하게 된다. 그 과정에서 만든 일정에 상세한 스케줄을 맞추다 보면 예상치 않았던 변수들이 발생한다. 그러다 보면 다시 일정을 수정하게 되고 건너뛰어야 할 일들이 생기기도 한다. 거의 두 달이 넘는 시간 동안 틈틈이 일정을 만들었고, 현지답사와 같은 현장 확인 작업(구글 맵 이용)을 해야 했다.

　계획을 상세하게 세우고 그 일정에 충실하게 다닌다면 큰 무리 없이 여행을 즐길 수 있을 것이다.

구분/일/차	도시	7	8	9	10	11	12	13	14	15	16	17	18	19	20	21
18일 수 1	비행		6013번 지하동 8:49→9:24		인천OUT→모스크바IN 13:05→16:50(9시간 35분)					3시간	모스크바OUT→바르셀로나IN 20:10→22:35(4시간 30분)					숙소
19일 목 2	바르셀로나 몬세라토		에스파냐역 (8시30분 출발)		몬세라토 (통합권: 29.5유로, 푸니쿨라 미운행 시: 19유로)		함창단(월~금 1시, 일 12시)			1시간	캠프 누	람블라스 거리→세비야성당 →왕의 광장→보케리아 시장				
20일 금 3	바르셀로나		구엘공원 (8시 이전 입장)		성가족성당(입장권 예매) 성당: 10시30분 입장, 타워 Nativity facade: 11시 30분		카사 밀라, 카사 바트요				바르셀로나→몬주익 언덕 →에스파냐광장					
21일 토 4	세비야	브엘링 항공 (소요 시간: 1시간 30분) 바르셀OUT →세비야IN		렌트→이탈리카→스페인 광장 (1시간)			숙소 이동 체크인 중식	성바르도 성당 → 세비야 성당 → 알카사르 → 파라솔 → 투우장 → 시청사 → 에스파냐 광장 → 야경								
22일 일 5	왕의 오솔길 론다	세비야→왕의 오솔길 (1시간 50분)		북쪽 입구 (이동: 30분)	왕의 오솔길 10시 00분 입장 입장료 1인: 11.5유로				왕의 오솔길→세테닐 (30분) 세테닐→론다 (2시간)		론다(누에보 다리, 투우경기장)			론다 → 미하스 (1시간 45분)		
23일 월 6	네르하 프리질리아나 말라가 그라나다	미하스	이동: 1시간	말라가 (N340번 도로 드라이브) 네르하		이동: 1시간		사크라몬테 박물관 →산 크리스토발 전망대 →숙소(AMC 그라나다)		체크인	그라나다 대성당→왕실예배당→아랍목장 →산 니콜라스 전망대→플라멩코(레 치엔 안달루우)					

24일 화 7 그라나다 코르도바	알함브라 입장(8시20분)→나르스궁 입장(10시30분) (입장료: 15.4유로, 어린이: 무료)			그라나다 →코르도바 (2시간)	코르도바 알카사르 입장료 (어른: 4유로, 어린이: 2유로)	↑ (3시간48분)	에보라 숙소
25일 수 8 신트라 리스본	에보라 ↑ (1시간50분)	페나성, 무어성	카보다로카 지옥의 입 (3분)	↑ (50분)	벨렘의 탑, 제로니모스 수도원, 발견기념비, 포르투스 누 솔 전망대, 산조르주 성(리스본)	↑ (1시간30분)	에보라 숙소
26일 목 9 코르예그라 톨레도	메리다 ↑ (1시간50분)	A5→N430, E903→CM403 도로 (3시간)	코르예그라	↑ (50분)	톨레도 (알카사르 → 대성당)		톨레도 숙소
27일 금 10 톨레도 세고비아 마드리드	톨레도 ↑ (1시간50분)	세고비아 알카사르→세고비아 성당→수도교		↑ (1시간20분)	마드리드 그랑비아 거리 → 명동 같은 거리 또는 산미구엘 시장		
28일 토 11 마드리드	숙소→그랑비아 거리→명동 같은 거리→솔 광장→프라도 미술관(대중교통)→마드리드 궁전→비아광장→산미구엘 시장					마드리드OUT→모스크바IN 00:15~07:05(4시간55분)	
29일 일 12 모스크바	모스크바IN 07:05 (4시간55분)	모스크바(스톱오버)				모스크바OUT→인천IN 20:40~11:20(8시간40분)	
30일 월 13 도착	모스크바OUT→인천IN 20:40~11:20(8시간40분)						

숙박 예약

숙소예약은 여러 예약사이트 중 인지도가 높은 부킹닷컴에서 하기로 결정하였다.

숙소를 결정하는 일은 많은 고민을 만들어 준다. 경로를 고려한 위치와 금액을 최적화하기 위해서는 많은 시간이 요구된다. 다행히 지난 유럽여행을 준비했던 경험은 어떻게 숙소를 선택하면 좋은지 선별하는 능력을 키워주었다. 일정에 따른 여러 조건에 맞춰 숙소의 위치를 결정해야 한다. 정해진 숙소에 대한 여건 등을 포함해서 선정 배경을 먼저 설명하고자 한다.

🔺 바르셀로나(3박): 피라 센트릭(Fira Centric)

바르셀로나의 경우 도보와 대중교통이 주요 이동수단이기 때문에 가능하면 대중교통 이용이 편리하고 여러 명소와 가까운 위치의 숙소를 고르는 것이 좋다. 그래서 스페인 광장 근처로 숙소의 위치를 결정하였다. 스페인 광장역 근처에 위치하고 있는 이 숙소의 장점은 공항버스 정류장이 근처에 있고, 몬세라트행 열차의 출발지이면서 많은 지하철노선이 교차되어 환승이 가능하며 스페인 광장을 가까이 볼 수 있다는 점이다. 굳이 단점을 지적하라고 한다면 여행객이 선호하는 시내 중심의 카탈루냐 광장과의 거리가 멀다는 점이다.

⛺ 세비야(1박): 호텔 세르반테스(Hotel Cervantes)

세비야와 그라나다 숙소의 경우 고민을 가장 많이 했던 도시였다. 인기 많은 관광도시이므로 관광 중심지의 숙박비는 다소 비싼 편인데다 별도로 상당한 주차비용을 지불해야 한다. 도시 외곽은 주차 걱정을 할 필요가 없을 뿐만 아니라 가격도 저렴한 편이다. 하지만 시내에서 늦은 시간까지 아이들을 데리고 다니면서 바(Bar)에 들어가 음주를 즐기고자 한다면 숙소를 시내에 정해야 한다. 많은 고민 끝에 과감히 시내에 있는 숙소로 정했다. 비교적 저렴하고 객실 상태가 괜찮을 것으로 보이는 숙소(유료 주차)를 찾았기 때문이다. 그 호텔은 라스 세타스 근처에 있는 호텔 세르반테스다. 라스 세타스 근처에 위치하면서 큰 뱀의 길을 따라 걸어가면 살바도르 성당과 세비야 대성당을 도보로 여행할 수 있다는 장점이 있을 것이다.

⛺ 미하스(1박): 라 포사다 데 미하스(La Posada de Mijas)

론다와 미하스, 두 도시 중 어디를 숙박지로 해야 할지 고민을 많이 했다. 론다에서 타파스 바에 들어가 밤 문화를 즐기며 숙박할 생각이었으나 여러 여행 후기들은 그에 대해 부정적이었다. 론다는 시골 도시와 같아서 밤이 되면 갈 만한 곳이 별로 없다고 한다. 물론 론다 파라도르를 숙소로 한다면 누에보 다리의 야경을 볼 수 있다는 장점이 있을 것이다. 그러나 그다음에 갈 도시는 단지 숙박을 위한 곳이 될 것이다. 반면 미하스에 숙소를 정할 경우 론다에서 관광을 마친 후 1시간 30분 동안 운전을 해야 한다. 도착 시간은 저녁 9시 정도로 늦은 시간이라 밤 문화를 즐길 수 없지만 대신에 다음날 일정에 여유가 있을 것이다.

다른 변수가 될 만한 상황을 머릿속에 그려본 뒤 일정에 여유를 가질 수 있는 미하스를 숙소로 정했다. 결과는 좋은 선택이었다는 평가다.

⛺ 그라나다(1박): AMC 그라나다(AMC Granada)

그라나다의 숙소 선정은 세비야와 비슷한 고민이 필요했다. 비싼 숙박비에 불편한 주차 시설을 가진 시내 관광지의 숙소와 저렴하고 주차는 편리하지만 관광지의 접근성이 불편한 원거리 숙소가 있다. 여러 숙소를 검색한 끝에 운전과 주차가 불편하더라도 이동 시간을 줄이기 위해 시내에 있는 AMC 그라나다로 결정하였다. 누에보 광장 앞에 위치한 AMC 그라나다는 최근에 리모델링되어 깨끗하였고 관광명소와 접근성이 좋아 보였다. 2개월 전에 조기예약을 해서 1박 비용은 비교적 저렴하였으나 1일 주차 비용(22유로)이 너무 비쌌다.

▲ 에보라(2박): 빌라 갈레 에보라(Vila Gale Evora)

포르투갈 1일 투어 일정을 포함하기 때문에 숙박할 도시를 선정하는 데 많은 생각을 하게 되었다. 효과적인 여행을 위해서 에보라 관광도 일정에 포함시켰으므로 에보라에서 2박을 하기로 결정하였다. 장거리 야간운전을 축소할 수 있기 때문이다. 만일 리스본과 같은 도시에서 숙박을 하게 된다면 코르도바에서 리스본까지 6시간 이상을 야간에 운전해야 한다. 이를 피하고자 코르도바와 리스본의 중간지점인 에보라에서 숙박을 하고 아침 일찍 출발하는 방법을 생각하게 되었다. 이것은 좋은 결정이었다고 생각한다. 에보라 숙소인 빌라 갈레 에보라는 신축 건물로서 휴양을 목적으로 하는 고급호텔이었다. 또한 착한(저렴한) 가격이 이 호텔을 선택하도록 만든 이유이기도 하다.

▲ 톨레도(1박): 파라도르 데 톨레도(Parador de Toledo)

숙소 선정 시 비용을 아끼기 위해 많은 검색을 하게 되는데 톨레도에서의 숙박만큼은 호텔 비용을 생각하지 않고 무조건 파라도르 데 톨레도로 결정하였다. 톨레도 도심을 전망하면서 숙박할 수 있는 최고의 입지 조건을 가진 호텔이기 때문이다. 물론 파라도르 데 톨레도에 다녀온 여행자들의 영향을 많이 받은 탓도 있다.

▲ 마드리드(1박): 에스파호텔 플라자 드 에스파냐

마드리드 숙소는 에스파냐 광장 근처의 에스파호텔 플라자 드 에스파냐로 정했다. 경제적인 가격, 렌터카 사무실에서 가까운 위치, 마드리드 시내로의 접근성 등을 고려했을 때 모든 조건이 충족되는 호텔이다. 그래서 렌터카 인수인계 도시와 지점이 결정된 이후 마드리드 숙소를 가장 먼저 결정하였다.

브엘링 저가 항공(스페인 국내선) 예약

    경로 설정을 하는 데 있어 바르셀로나를 떠나 다음 도시를 정하는 일이 어려운 문제였다. 처음 생각에는 그라나다가 좋을 것 같아 바르셀로나와 그라나다를 연결하는 야간 렌페 열차를 이용하고 싶었다. 그러나 그 구간은 선로 공사로 인하여 열차운행을 하지 않는다는 사실을 렌페 홈페이지를 통해 알게 되었다. 차선책으로 저가 항공인 브엘링 항공을 이용하여 바르셀로나에서 세비야로 이동할 계획을 세웠다. 바르셀로나에는 세비야행 비행편이 많기 때문에 얼리버드 예매를 통해 저렴한 가격에 티켓을 구매할 수 있었다.

렌터카

　지난해 이탈리아 여행 당시 차를 인수할 때가 기억난다. 중형차급으로 생각했는데 생각보다 작은 SUV차량이라 캐리어를 모두 실을 수 있을지 걱정이 되었다. 다행히 트렁크 구조를 최대한 활용하고 이민가방을 사용하여 적재가 가능했다. 렌터카를 고를 때 차량에 대한 정확한 정보 없이 저렴한 가격을 우선으로 생각했기 때문에 일어난 일이었다. 이런 경험이 차의 규모를 먼저 생각하도록 만들어 주었다. 그래서 고른 차량은 폭스바겐 파사트급이었는데, 현지에서 동급의 다른 차종으로 변경이 될 수 있다. 아니나 다를까 세비야에서 차를 인수할 때 주어진 차량은 BMW 218d 모델의 신차였다. 우리나라에서 흔하지 않은 해치백모델로 BMW사에서 액티브 투어러 차량이라고 광고하고 있는 모델이다.

TIPS!! 차량 렌트 및 운전

1. 렌트 시 필수 준비물
- 국제운전면허증
- 국내면허증
- 여권

2. 렌터카 옵션사항 선택 시 변속기 옵션 확인
유럽은 수동 운전이 불가능하다면 예약 시 자동 변속기 옵션 확인 필수

3. 블루투스 스피커 준비
음악을 들을 수도 있고 유심 데이터가 무제한일 경우 국내 라디오 앱을 다운받아 라디오를 청취할 수도 있음

4. 햇빛가리개를 준비할 것
유럽 렌터카는 선탠이 되어 있지 않아 뒷좌석에 유용하게 활용

내비게이션

해외에서 자동차 여행을 하게 된다면 가장 중요한 것은 정확한 내비게이션이다. 지난 유럽 여행을 준비하면서 이미 구매한 시직(Sygic) 내비게이션 프로그램을 스마트폰 2대와 갤럭시노트 10.1에 설치한 상태였는데, 이번 여행에서는 구글 맵을 동시에 활용해 보기로 했다. 근래에는 구글 맵이 더욱 정확한 안내를 한다고 한다. 게다가 실시간 도로교통정보가 부가된 안내를 원한다면 구글 맵을 활용하는 방법도 좋을 것이다. 실제 그라나다에서 골목길에 들어섰을 때 잘못된 일방통행 길을 안내한 시직으로 인해 멘붕에 빠질 만큼 힘든 운전을 하기도 했다. 또한 여행 전 내비게이션과 함께 준비할 사항은 목적지를 즐겨찾기 해 놓는 일이다. 현지에서 목적지를 검색하는 데 시간을 낭비하지 않도록 정확히 준비해 둬야 한다. 이번 여행에서 얻은 교훈은 조금이라도 허술한 좌표나 목적지를 지정해 놓으면 길을 잃고 헤매는 상황이 얼마든지 일어날 수 있다는 것이다.

TIPS!! 내비게이션

1. 시직(Sygic) 내비게이션 프로그램은 블랙프라이데이에 70% 할인된 금액인 약 €40에 구매. 구글플레이스토어에서 'Sygic'을 검색하여 설치하면 7일 무료사용도 가능하고 옵션별 구매가 가능함. 전 세계에서 사용 가능한 평생권(lifetime) 옵션 추천.

2. **내비게이션 종류**
   - 앱을 설치하는 프로그램 방식(예: Sygic)
   - 내비게이션 기기 방식
     (예: 톰톰내비, 가민내비 등)

각종 입장권 준비

경험상 아래와 같은 방법으로 입장권을 준비하는 것이 가장 효율
적이었다.

- 구엘 공원: 8시 이전 도착하여 무료입장

- 사그라다 파밀리아: 예약

- 세비야 성당: 현지 예매, 살바도르 성당에서 구입

- 세비야 플라멩코 박물관 및 공연: 그라나다 플라멩코 관람으로 일정 변경

- 왕의 오솔길: 예약

- 알함브라 궁전: 예약

- 코르도바 메키스타: 현지 예매

- 페냐성, 무어성 통합권: 현지 예매

- 톨레도 대성당: 패싱

- 마드리드 프라도 미술관: 현지 예매

온라인 예매도 장점이 있지만 티켓의 날짜와 시간 등이 고정되기 때문에 일정 변경이 불가능하게 되므로 면밀히 검토하여 생각지 않는 변수를 최소화해야 한다. 유명관광지의 경우 당일 입장권이 마감되거나 긴 줄로 인해 장시간 기다려야 하는 상황이 발생하여 일정에 차질이 빚어질 수도 있을 것이다. 이런 이유로 인해 입장권을 미리 예약한다면 편안하고 시간을 잘 활용할 수 있게 되지만 신중하게 생각하여 일정변경이 없도록 정확한 계획을 세워야 할 것이다.

바르셀로나 사그라다 파밀리아 성당
입장권

왕의 오솔길 입장권

준비물

　지난 유럽여행 경험은 필요한 준비물을 생각하는 데 많은 도움을 주었다. 우선 걷는 시간이 많으므로 신발은 발에 길들어진 편하고 가벼운 운동화가 좋을 것이다. 피로 회복을 위해서는 따뜻한 잠자리가 보장되어야 하므로 전기장판을 준비하는 것이 좋다. 또한 먹거리가 가장 문제가 되므로 햇반, 라면, 카레 등의 많은 식량을 준비한다. 현지의 맛집이 유명하더라도 우리의 입맛에 맞지 않으면 소화가 잘 되지 않고 충분한 식사를 하지 못하기 때문에 체력에 문제가 생길 수 있다. 지난 경험이 식량 준비에 많은 영향을 주었다.

구분	준비항목	설명
서류 등	여권 및 비자	반드시 사본을 준비, 이메일에 보관.
	비행기표	빠르면 빠를수록 저렴.
	신분증	언제 어디서 신분을 확인할 필요가 생길지 모른다.
	명함	필요할 때가 있다.
	돈, 신용카드	500만 원(유로화), 10만 원(루블화, 스탑오버 하는 러시아에서 사용), visa카드, BC신용카드(해외 사용한도는 꼭 확인한다).
	여행자 보험	인터넷 여행자 보험 가입.
	가이드 북	스페인 관련 책(『일생에 한 번은 스페인을 만나다』, 『유럽의 첫 번째 태양 스페인』), 가이드북(준비를 잘했기 때문에 현지에서는 굳이 필요 없었다. 단, 직접 만든 가이드북은 중요).
		현지에서 유적 방문 시 가이드 역할을 대신하였다.
가방/ 침낭	짐	이민용 가방 1개, 큰 캐리어 3개, 기내용 캐리어 1개
		백팩 2개, 여권 백 1개, 허리벨트 백 1개
		더블사이즈 전기장판 1개(추위를 타는 분께 추천).
	담요	만일에 대비하여 휴대용 담요 3개 준비.
의류/ 신발 등	신발	많이 이동하므로 등산화보다는 다리에 부담이 적은 워킹슈즈를 추천한다.
	샌들	기내 혹은 숙소에서 사용할 슬리퍼 개인당 1켤레.
	의류	계절에 맞는 필요한 여벌 옷.
전자제품	카메라	DSLR(캐논 60D), 미러리스 카메라 1대, 콤팩트 카메라 1대.
	전자기기	스마트폰 3개, 갤럭시 노트 10.1, 노트북, 이어폰.

	전기 라면쿠커	나무젓가락, 휴대용 그릇 등(여행 중 우리의 밥상을 차리는 데 제일 중요한 역할을 한다).
	선글라스/모자/자외선 차단제	스페인은 항상 햇빛이 강렬하므로 필수.
	세면도구	면도기(기내 반입 금지), 치약, 칫솔 등
	우산/우의	접이식 우산 4개, 우의 4벌
잡화류	필기도구	접이식 우산 4개
		쓰기 번거로운 것은 무조건 스마트폰으로 찍는다. 볼펜과 메모장은 필수.
	다용도 칼	과도 혹은 맥가이버 칼
	바늘, 실	간단한 반짇고리 등을 준비하면 비상시에 용이.
	안대, 에어베개	이동 시 수면할 때 필수 아이템.
	호루라기	호신용(한 번 구입하면 지속적으로 사용 가능).
	멀티어댑터, 연장선, USB케이블	USB케이블의 경우 여유분 필수. 숙소에 도착하면 각종 전자기기 충전을 동시에 해야 함(멀티탭 필수).
	소형보온병	렌터카 내에서 따뜻한 커피가 생각날 때 유용.
	잡화류 기타	물티슈, 화장지, 수저, 비타민, 비닐팩, 큰 비닐봉지, 플라스틱컵, 핫팩, 투명테이프.
약품	구급약, 체온계	소화제, 변비약, 지사제, 종합감기약, 일회용밴드, 물파스, 상처치료제, 진통제 등이 필요하며, 보통 이것들을 허리에 매거나 가방에 따로 정리할 수 있는 구급낭(구급함)도 필요.
선물	선물용품	현지에서 도움을 주는 외국인에게 우리나라 전통 문양의 열쇠고리, 부채, 손거울, 손톱깎이 등의 선물을 준비하는 것도 좋다.
비상식량	비상식량	라면 30봉, 3분 카레 6개, 3분 짜장 6개, 햇반 12개, 누룽지 2kg, 멸치볶음, 볶은 김치, 김 가루, 김, 마른오징어, 어묵 국 8팩, 쥐포, 전투식량, 비타민 알약 등.

주요계획을 마무리하며

『자동차로 떠나는 유럽가족여행』을 하고 약 6개월의 시간이 흐른 시점에 다시 한 번 스페인 가족여행을 하기로 결정하였다. 여행을 하게 만드는 주된 동기는 린과 예린에게 보여주고 싶은 세계의 자연과 역사를 살펴보는 것이었다. 내년이면 린은 중학생이 된다. 중학생이 되어 방학 동안 여행을 떠나는 것은 우리나라 교육시스템 속에서는 어려운 현실이라고 생각한다.

그래서 시간이 허락된다면 주저 않고, 회사 눈치도 보지 않고 여행을 강행하기로 마음먹었다. 지난번 유럽여행의 느낌과 즐거움이 대단하였다고 하니, 이번 스페인 여행도 잘할 수 있을 것이다.

스페인 항공권 예약 후 약 3개월의 여행 준비기간을 가졌다. 방문할 도시를 정하고 숙소를 예약하고 나면 도시마다 상세 일정을 짜임새 있게 설계하게 되는데 많은 시간이 필요하다. 여행을 준비할 수 있는 시간은 충분하였다. 큰 도화지에 스케치하듯 매일 조금씩 일정을 만들고 도시에 대한 정보수집도 병행하는 일이 준비기간의 일상이 된다. 그러다 마음에 들지 않으면 일정표를 모두 지워버리고 처음부터 다시 작업하는 과정을 몇 번이나 반복했는지 모른다. 한 번도

가보지 않은 나라의 도시를 목적지로 정하고, 이동시간과 머무는 시간 등을 예상하여 일정표를 만드는 일에는 많은 조사와 검토가 필요하다. 이미 방문하여 기록해 놓은 여행자들의 여행기나 스페인 관련 책으로는 디테일한 요소까지 확인할 수 없기 때문에 더욱 그렇다. 인터넷 글 또는 여행 도서의 대부분은 대중교통을 이용하는 방법을 소개하거나 여행사에서 제공하는 내용을 담고 있다. 찾지 못한 정보들은 구글 맵을 이용하여 실제 답사를 하는 것처럼 현지의 모습을 정확히 숙지하거나 기록하여야 한다. 이렇게 3개월의 준비기간은 빠르게 지나갔고, 모든 일정 혹은 계획이 한 장의 A4용지에 정리되었다. 이것은 마치 완성된 그림과 같은 느낌이다.

출발하기 일주일 전부터는 준비물을 챙기는 일에 바쁘다. 준비물을 수집하는 일에 집중하다 보니 그동안 조사하고 기록하며 숙지했던 여행 일정의 상세한 내용을 부분적으로 잊게 되는 현상이 일어나게 된다. 큰 시험을 준비하는 학생처럼 여행 전에 상세일정을 리뷰하지 못했던 점이 약간의 아쉬움으로 남는 준비 기간이었던 것 같다.

마지막으로 스페인을 여행하면서 린과 예린이 하고 싶은 것 목록을 만들도록 하였다.

가고 싶은 곳 5가지	가지고 싶은 것 5가지	먹고 싶은 것 5가지
- 사그라다 파밀리아 성당 - 마드리드 - 바르셀로나 - 쇼핑몰 - 왕의 오솔길	- 하몬 - 멋진 옷들 - 유명한 건물 모형 - 추로스 - 가족과의 멋진 추억들	- 하몬 - 추로스 - 몽골리안 BBQ - 애저 - 샹그리아

PORTUGAL

SPAIN

PART 02

출발

- 여행 1일 차 -

인천공항

　지난 유럽여행보다 캐리어 1개를 덜 가져갈 정도로 짐을 대폭 줄였다. 여벌옷을 한 벌 정도만 준비한 것이다. 필요한 옷들은 여행하면서 구입하는 편이 좋다는 주변의 의견이 옳다고 생각하여 반영했다.

　10시쯤 인천공항에 도착해서 할 일들을 시작했다. 먼저 D카운터에 위치해 있는 Aero-flot(러시아 항공) 카운터에 가서 처음 사용해보는 셀프머신(?)으로 티켓팅을 하고 수화물을 보냈다. 여행 중에 필요한 것 중 하나가 시계다. 시계를 준비하기는 했지만 배터리가 방전된 상태라 공항 1층에 있는 문구점에서 배터리를 교환했다. 그 사이 아내는 환전소와 통신사에 들러 환전과 해외데이터 차단 신청을 하였다. 이후 출국심사를 마치고 곧바로 비행기에 올라탔다.

　지난해 공항에서 하지 않았던 일들이 있어 나열해 본다.

◆ 유심 현지 구매
　지난해와 달리 국내에서 쓰리심을 구매하지 않고 현지 통신사를 방문하여 1기가 유심을 구입하기로 하였다. 가격은 10유로이며 20분의 무료통화서비스가 포함된다고 한다.

◆ 환전

이미 500만 원 가량을 유로로 환전해 놓은 상태였고, 필요한 것은 모스크바에서 사용할 루블화다. 신한은행 환전소에서 10만 원을 환전하였다. 부족한 돈은 카드로 사용할 생각이다.

◆ 여행자 보험 가입하기

이번에는 인터넷으로 보험에 가입했다. 공항에서 가입하는 것보다 더 저렴하기 때문이다. 항공기 티켓을 발권했던 와이페어모어닷컴과 연계된 여행자보험 상품은 4인 가족에 약 15만 원이었다.

◆ 대한항공 마일리지 적립

A구역 근처의 대한항공 마일리지 적립 부스에 갔다. 대한항공 회원으로 이미 가입되어 있어 귀국 후 재방문하여 적립할 것을 안내받았다.

출발 전 짐 정리

모스크바 환승

지난해와 마찬가지로 러시아에 도착하여 바르셀로나행 비행기로 환승을 해야 한다. 대기시간은 약 3시간이다. 환승하는 여행객들도 보안 검사를 받게 된다. 모스크바에서 보안 검사는 까다로운 편이라 시간이 오래 걸리는 데다 직원의 태도도 딱딱하게 느껴진다.

보안 검사를 마치고 짐을 챙기는데 가방 하나가 보이지 않았다. 검사하는 벨트에 올려놓고 검색대를 통과했는데 사라져 버린 것이다. 직원에게 내 가방이 사라졌다고 하니 고개를 살래살래 흔든다. '그럴리가?'라는 뜻이었을 것이다. 우리보다 앞서 보안검사를 받은 사람이 중국인이었다. 중국인에 대한 선입견이 있어 그들이 가방을 가져갔을 것이라는 의심을 품고 직원들에게 내 생각을 전달했다. 직원들은 곧 경찰을 불러주었고, 잠시 후 키 큰 경찰이 어기적거리며 걸어왔다. 경찰은 내 상황에 관한 이야기를 충분히 듣고 중국인들이 아직 공항에 있을 것이라고 말하며 공항을 같이 수색해 보자고 한다. 아내는 짐이 있는 벤치에서 아이들과 있고, 나와 경찰은 공항을 수색하기 시작하였다. 공항 터미널을 두 번 정도 빠르게 돌아봤지만 가방은 찾을 수 없었다.

아무래도 찾기가 힘들겠다는 생각이 들기 시작했고, 내 기억이 불확실할지도 모른다는 생각에 불안감이 커져 갔다. 보안 검사를 받을 때 가방을 갖고 있지 않았을 것 같은 생각도 했다. 보안 검사하는 장소로 되돌아왔을 때, 답답해하는 아내와 아이들이 공항을 수색해 보겠다고 한다.

잠시 후 보안검사 직원이 다가와 CCTV 확인 결과가 나왔다고 한다. 보안 검사받을 당시 우리 가족은 백팩이 1개였다고 한다. 그렇다면 검사하기 전 대기하던 장소에 가방을 놓고 왔을 거라는 생각을 하게 되었다. 그런 내 의견을 경찰에게 전달하니 경찰은 공항을 한 번 더 수색해 보겠다며 떠났다. 그때 공항 직원이 다가와 가방 색깔이 뭔지 물어본다. 영어로 국방색 단어를 몰라 가방 색이 내 바지와 유사하다고 설명하였다. 직원은 보안검사 대기 장소로 함께 가보자고 한다.

그곳엔 여러 개의 장의자가 있었는데 그곳에 백팩 가방이 떡하니 있었다. 그 가방이 얼마나 반가웠는지, 또 얼마나 고마웠는지…. 나는 정신없이 가방 안을 확인해 보았다. 현금과 DSLR카메라, 일반 카메라 2개, 프린트한 각종 예약 확인서들이 그대로 있었다. 정말 다행이었다. 가방을 찾지 못해서 여행을 하기도 전에 되돌아가야 하는 상황이 발생할 수도 있겠다는 생각까지 했었으니 심리적으로 엄청난 압박을 받았던 것이다. 다행히 가방을 찾아서 안도의 한숨을 쉬게 되었다. 곧 아이들과 와이프도 공항 수색을 마치고 돌아왔다. 가방이 내 손에 있는 것을 보고 아이들은 울먹이기까지 하였다. 아내와 아이들은 왜 가방을 잃어버렸는지 나에게 추궁을 시작하였다. 면목이 없어 할 말을 잃었다.

"방금 벌어진 일이 큰 사고를 대신한 액땜으로 생각하자. 그러니 이제는 별 탈 없이 여행이 진행될 거야."

덕담으로 추궁당하는 상황을 벗어났다. 이 사태로 모스크바 공항에서 약 2시간이 흘렀고 비행 탑승시간은 1시간밖에 남지 않게 되었다. 보안검사 직원들에게 감사의 인사와 포옹을 하고 탑승게이트로 향했다. 탑승게이트에 도착하여 혼란스러웠던 상황을 정리하던 중 같이 수색하던 경찰을 만났다. 가방 찾은 사실을 그에게 말하며 감사의 인사를 하는데, 경찰은 짜증이 많이 났던지 무뚝뚝하게 가버렸다. 이후 무사히 바르셀로나행 비행기에 올랐다. 모스크바 공항에서 우여곡절의 시간을 보낸 뒤 4시간 30분 비행 후 바르셀로나에 도착하였다.

바르셀로나 엘프라트 공항

올라 에스파뇰

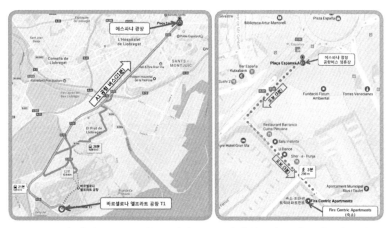

모스크바에서 고통스러운 시간을 보냈지만, 바르셀로나 엘프라트 공항(T1)에는 무사히 도착하였다. 수화물도 탈 없이 찾았다. 바르셀로나 시계는 22시 30분이 지나고 있었다. 피곤함 때문에 공항에서 숙소까지 택시를 타고 갈까 싶었지만 애초 계획대로 공항버스(A1)를 타기로 했다. 공항버스는 비교적 저렴하고 스페인 광장까지 직통으로 갈 수 있기 때문에 택시를 타지 않아도 큰 어려움이 없을 것 같았다. 캐리어를 끌고 걸어갈 수 있도록 숙소 위치를 스페인 광장에서 최대한 가까운 곳으로 예약해 두었다. 공항버스 요금(1인당 5.9유로)은 운전기사에게 현금으로 지불이 가능하다. 버스는 저상형이고 넓은 적재공간이 있다. 인터넷에서 버스 하차 시 몰래 짐을 가져가는 도둑이 있다는 글을 읽은 적이 있었기 때문에 도착 전까지 가방에서 눈을 뗄 수가 없었다.

스페인 광장(버스정류장 앞)

바르셀로나 숙소

공항버스는 20분 만에 스페인 광장에 도착하였다. 스페인 광장에서 숙소까지는 3분 거리지만 초행길이라 불안하다. 구글 지도를 보면서 충분히 답사해 둔 덕분에 위치를 쉽게 찾을 수 있었다. 그러나 안내데스크에 직원이 없었다. 데스크 앞 게시판을 보니 늦은 체크인이 필요할 경우에 대비하여 연락할 전화번호가 적혀 있다. 자동 로밍된 스마트폰으로 전화를 걸어 직원을 불렀다. 숙소에서 체크인할 때 항상 듣는 말들은 각종 주의사항과 와이파이 번호 등이다. 직원은 열쇠를 건네주며 문 여는 방법에 대해 유난히 자세히 설명해주었다.

모든 설명이 끝난 후 엘리베이터를 타고 배정받은 4층으로 올라갔다. 그런데 열쇠가 맞지 않았다. 두리번거리다 보니 한 층을 더 올라온 사실을 알게 되었다. 다른 유럽 나라들처럼 스페인도 1층이 0층이다. 이런 이유로 한 층을 더 올라간 것이다. 한 층을 내려와 방을 제대로 찾았음에도 방문을 열 수가 없었다. 옆에서 보고 있던 린이 말한다.

"아저씨가 열심히 설명할 때 Easy라고 대답했으면서, 왜 못 열어요?"

문 여는 방법이 어렵지 않을 것 같아서 그냥 그렇게 말했을 뿐인데 린이 면박을 준다. 우리의 웅성거리는 소리에 문을 열지 못했다는 걸 눈치 챘는지 직원이 올라왔다. 키를 꽂고 돌리면 열리는데, 그게 잘 되질 않았다. 몇 번을 재시도하고 나서야 원리를 깨우칠 수 있었다.

숙소는 가격에 비해 넓고 깨끗한 데다 분위기도 좋았다. 더구나 스페인 광장에서 가까우므로 찾는 데 어려움도 전혀 없다. 오랜 시간 비행을 하고 가방을 잃어버렸다가 찾는 등 일련의 과정을 겪으면서도 바르셀로나 숙소까지 무사히 도착했기에 안도의 한숨을 쉬었다.

주방 및 거실

침실

PORTUGAL

SPAIN

PART 03

몬세라트

- 여행 2일 차 -

스페인 광장의 새벽공기

　자유여행을 하게 되면 잠에 민감해지는 것은 어쩔 수 없나 보다.
패키지 여행처럼 정보 제공 혹은 가이드를 해주는 사람이 없으므로
스스로 모든 일을 해야 한다. 그러니 신경이 많이 쓰일 수밖에 없다.
　스페인에서 첫날밤 잠자리는 편안했다. 그러나 중간에 잠깐씩 깨
는 일이 반복되더니 5시 30분에 일어나고 말았다. 피곤하다는 이유
로 늦장을 부릴 여유 없이 오늘 일정에 필요한 것들을 생각하고 준비
하기 시작했다. 아직 해는 뜨지 않아 어둡지만 바르셀로나 새벽공기
를 마시며 스페인 광장을 구경해 보고 싶어졌다. 가로등이 밝혀진 스
페인 광장은 차가운 공기 때문인지 쓸쓸해 보였다.

새벽의 스페인 광장

숙소에 돌아와 린과 예린을 깨우고 아침식사(카레 밥)를 준비하는 동안 오늘 여행 목적지인 몬세라트 정보를 확인한다. 산행을 하는 것과 유사한 일정이 될 것이라는 생각으로 옷은 따뜻하게 입고 마실 물도 적당히 준비한다. 아침식사 후에는 시간적인 여유가 있어 아내와 같이 스페인 광장역에 가서 몬세라트행 티켓을 미리 구입하였다. 처음 보는 티켓 발매기인 만큼 발매하는 데 어려움이 따르게 된다. 다행히 역 직원이 근처에 있어 도움을 받았다. 직원은 내가 알고 있던 것과 다른 요금을 안내해 준다. 그의 말에 따르면 겨울엔 몬세라트의 푸티쿨라가 운행되지 않아 요금이 조금 더 저렴하다고 한다. 요금 명칭은 '콤바인드 몬데라트'다. 또한 어린이 요금도 안내해주는 친절함을 보여 준다(어린이 1인: 15.2유로, 성인 1인 :19.3유로). 스페인 사람들은 친절하고 쾌활함이 묻어나는 인상을 지니고 있다. 항상 잘 웃고 말을 많이 하는 것 같다. 3명의 직원들은 나란히 서서 끊임없이 이야기를 나누며 웃는다. 우리나라의 경직된 직원들의 모습과는 많이 달라 보였다.

스페인 광장 분수대　콤바인트 몬세라트 영수증

REBUT

2 A/T Comb.Monts. Cremalle
adult.4 Zones

07.1 TAR　30.60 Eur

Num:01120855

HAE20

19-01-17

Barcelona >> Montserrat

Sortida/Salida/Departure/Orient　Arribada/Llegad

Barcelona
(Pl. Espanya)　　　　　Mont

R5 08.36
Montserrat 08:55
EXPRES 09.36
　　　　10.36
　　　　11.36
　　　　11.56*
　　　　12.36
　　　　12.56*
　　　　13.36
　　　　14.36
　　　　15.36
　　　　16.36
　　　　17.36*

Monistrol de
Montserrat

Transbordament
Transbordo
Transfer
Пересадка

몬세라트행 R5 시간표 ▶

몬세라트행 열차

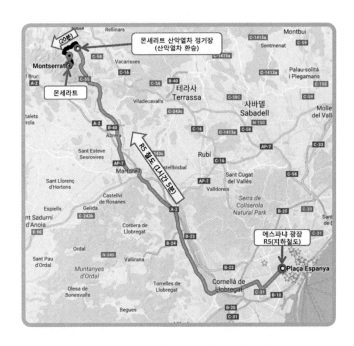

 스페인 광장이 숙소와 가까워 15분 만에 표를 예매하고 돌아왔다. 물, 간식, 카메라 등의 필수적인 준비물을 백팩에 넣고 8시 36분에 출발하는 몬세라트행(R5 노선) 첫 열차를 타기 위해 다시 숙소를 나섰다. 시간에 맞춰 열차에 탔기에 빈 좌석을 찾아보기가 힘들다. 빈 좌석을 찾아 열차의 마지막 객실까지 이동하였고, 우리 가족은 각기 다른 좌석에 앉았다. 주변에는 대여섯 명의 한국인도 있었다. 모두들 몬세라트에 가는 것으로 보인다. 린의 옆자리가 비는 걸 보고 자리를 옮겼다. 그때 뒤에서 한국말로 날 부르는 사람이 있었으니….

흰머리가 섞인 긴 머리를 뒤로 묶고 선글라스를 쓰고 있는 50대 후반의 아저씨다.

"선반 위의 잠바를 가져가야지. 여기는 잠깐만 한눈팔면 물건이 없어져. 정신 바짝 차려야 해요. 아이들을 데리고 여행 온 것 같은데, 분위기 망치면 안 되지. 뭐라도 잃어버리면 안 될 것 같아 일러주는 겁니다."

그는 이렇게 말을 건넸다. 일반적인 한국인 같지 않아 보였기에 정체를 알고 싶어 질문을 하다 보니 대화가 시작되었다. 그분은 젊은 시절에 스페인에 왔는데, 어쩌다 보니 30년 동안 살게 되었고, 현재는 여행가이드를 하고 있단다. 스페인 생활은 공기가 좋은 것 말고 특별히 좋은 건 없다고 한다. 사람 사는 사회가 환경에 따라 다르기는 하겠지만 대부분 거기서 거기 아니겠냐는 것이다. 하지만 사람들이 우리처럼 성격이 급하지 않아 여유를 즐길 줄도 알고 쾌활하면서 밝은데 그 이유는 자연환경이 좋기 때문이라고 한다. 그중에서 특히 좋은 공기만큼은 세계 어디를 다녀 봐도 이만한 곳이 없다고 자신 있게 말한다. 대화를 하던 중 열차가 멈출 때마다 내려야 할 역을 확인하자, 그분께서는 몬세라트 산악열차까지 같이 동행하게 될 테니, 아이들이나 잘 챙기면서 따라오라고 한다. 열차는 1시간을 달려 모니스토롤 데 몬세라트(Monistrol de Montserrat)역에 도착하였다. 한국인 가이드께서 함께 이동해 주신 덕분에 산악열차를 곧바로 탈수 있었고, 전망이 좋은 왼쪽의 자리에 앉으라는 팁까지 받았다. 그분은 다음 역에서 내려 패키지 여행 관광버스를 타게 된다고 한다. 만일 몬세라트에서 린과 예린을 만나게 된다면 핫초코 한잔씩을 사주겠다는 약속을 하고 떠났다. 가이드 해설을 듣고자 하는 마음에 몬세라트에서 그분을 만날 수 있기를 기대했지만 그러지는 못했다. 산악열차를 타고 올라가면서 몬세라트의 절경을 감상하게 된다. 바위산으로 만들어진 풍경과 바위에 남겨진 퇴적층, 깊게 파인 계곡을 구경하다 보니 어느새 몬세라트에 도착하였다.

몬세라트행 R5열차

몬세트라행 산악열차

가우디 영감의 씨앗
몬세라트

TIPS!! 몬세라트

몬세라트는 스페인 카탈루냐 지방 바르셀로나 근교에 있는 산이다. '톱으로 자른 산'이라 불
릴 만큼 가파른 절벽이 인상적인 바위산이며 천재 건축가 가우디가 평소 즐겨 찾았던 곳으
로 알려져 있다. 자연이 만들어낸 독특하고 기묘한 선과 웅장한 산세에 절로 경이로움을 느
끼게 된다.

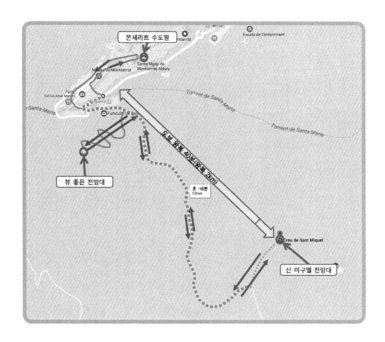

몬세라트에 도착했을 때, 유명세에 비해 사람이 많지 않았다. 하긴 이 시간(오전 10시)에 몬세라트에 도착하려면 바르셀로나에서 우리보다 일찍 출발해야 할 것이다. 방문객 중 대부분은 한국인이라고 해도 될 만큼 우리나라 사람들이 많이 찾는 관광지인 듯하다. 이곳이 한국인지 스페인인지 헷갈린다고 한다면 한국인이 얼마나 많은지 가늠할 수 있을 것이다. 수도원의 지리를 파악하지 못했기 때문에 패키지 여행객들이 가는 대로 따라갔다. 덤으로 가이드의 설명을 들으면서 동행하게 되었다. 수도원 앞 광장에 이르자 가이드는 산 아래로 펼쳐진 풍경사진을 찍어야 한다고 강조한다. 몇 장의 풍경사진을 찍고 나서 몬세라트 수도원 안으로 들어갔다. 수도원 안으로 들어서니 단조로운 겉모습과 달리 눈이 부시도록 화려하면서 장중한 분위기가 느껴진다. 가이드가 상세히 설명했던 검은 성모상을 만나러 간다. 입장객 수를 제한하기 위해 입장 시간을 정해 놓았다는데, 우리의 방문은 어떤 제약도 받지 않고 순조로웠다. 검은 성모상에 이를 무렵 줄을 서서 경건하게 계단을 올라갔다. 동판으로 만들어진 계단은 많이 닳아 깊이 파여 있고 어둠속에서 반짝이며 빛이 난다. 계단을 올랐던 사람들의 마음이 모여 더욱 빛이 난다고 말하는 사람도 있다. 신앙심이 있든 없든 방문 목적은 유명세를 탄 검은 성모상을 보는 것이다. 그 앞에 서면 모두가 숙연한 모습이 된다. 린과 예린도 경건한 기도 후 기념사진을 찍었다.

이 성모상은 탄소 연대 측정으로 12세기 것임이 밝혀졌다고 한다. 성 누가가 조각한 것을 사도 베드로가 스페인으로 가져온 것이라는 전설도 있다. 혹자는 무어인이 지배할 당시 동굴 속에 감춰져 있던 것이 양 치는 목동들에 의해 발견되었다고도 한다. 모두가 전해져 내려오는 이야기라 무엇이 정확한지는 아무도 모를 것이다.

검은 성모상이 있는 방을 나오면 성당의 뒤편으로 나가는 문이 나온다. 성당의 뒤안길에는 여러 색상의 양초에 촛불이 켜져 있는데 자신의 소원을 비는 장소라고 한다. 수도원을 나오다 보면 '성 조르디(성 조지)' 조각상을 볼 수 있다. 조각상의 눈동자가 보는 사람을 따라 움직이고 어느 방향에서 보더라도 시선이 마주쳐 보인다고 하는데 나는 그 이유를 바로 알아볼 수 있었다. 대부분의 사람들은 가이드의 설명을 듣고 나서야 이해를 하는 것 같았다. 자세히 보면 얼굴이 음각으로 조각되어 있고, 특히 눈동자 부분이 더 깊게 파여 있어 착시 현상을 일으킨다. 린과 예린이 잘 이해하지 못하는 것 같아 볼록 거울과 오목거울에서 반사되는 현상에 대하여 설명해주니 이해를 하는 것 같다.

소년성가대 공연이 13시에 있다고 한다. 그 전에 서둘러 전망대를 다녀오기로 했다. 계절적으로 겨울이 아니라면 푸니쿨라를 타고 산 조안 전망대를 편하게 오를 수 있을 텐데, 푸니쿨라를 탈 수 없어 걸어서 갈 수 있는 전망대를 가보기로 했다.

'사람들이 많이 오가는 길을 따라가면 되겠지'라는 생각으로 갔던 길은 심하게 비탈져 있을 뿐만 아니라 자갈길이라 미끄러질 위험도 컸다. 이런 길을 따라 올라서자 기암괴석이 배경이 되는 몬세라트 수도원이 한눈에 들어왔다. 얼마나 웅장하게 보였던지 형언할 수 없이 아름답고 웅대한 풍경이라고밖에 표현할 수 없을 것 같다.

여행 일정을 설계하면서 첫 번째 코스로 계획했던 터라 사진으로 많이 보았지만, 실제의 모습을 보게 되니 감동의 차원이 달랐다. 감상하며 걷던 비탈길은 암벽 끝자락으로 이어져 더 이상 앞으로 나아 갈 수 없다. 우리 가족은 허탈한 마음에 한마디 말을 남기고 비탈길 을 조심스럽게 내려와야만 했다.

"이 길이 아닌가 봐…"

비탈길은 미끄러지면 크게 다칠 수 있는 날카로운 자갈이 많아 올 라갈 때보다 훨씬 조심스럽다. 마침내 포장도로에 다다르니 한국인 들이 있었다. 그들은 산미구엘 전망대를 다녀오는 길이라고 한다. 산 미구엘 전망대가 보기에는 상당히 멀어 보이는데 생각보다 가까워서 금방 다녀올 수 있다고 한다. 걸어가는 동안 지루할 틈이 없도록 아 름다운 풍경은 계속 이어진다. 린과 예린의 관점에서 몬세라트산은 사람처럼 만들어진 바위산이라 한다. 자세히 보면 고릴라 형상이나 사자와 형상을 한 바위도 있다고 한다. 상상에 따라 바위의 모습이 형상화되는 것 같다. 누군가가 형상화시킨 모습으로 설명하면 듣는 이도 그렇게 느껴질 것이다. 바위를 보고 있는 사람에게 그 느낌을 물어본다면 그 사람의 마음이나 현재의 정서를 알 수 있을 것 같다.

성 조르디상　　　한글 안내문

중간에 예수와 12제자 입상

수도원 입구 중앙 광장

수도원 앞 광장

트레킹 중 만난 예수상

십자가가 보이는
산미구엘 전망대

사람처럼 만들어진 바위산

산미구엘 전망대는 몬세라트산과 수도원을 잘 볼 수 있는 위치에 있다. 중간에 어떠한 장애물도 없어 수도원과 기암괴석을 배경으로 멋진 사진을 찍을 수 있다. 깊은 계곡을 배경으로 찍는 사진도 아름답다. 수도원이 있는 몬세라트산 뒤편 먼 곳에서는 떨리듯 희미하게 보이는 하얀빛의 띠가 있다. 그것은 피레네 산맥이다. 피레네 산맥은 프랑스와 스페인을 나누는 국경이다. 지도를 보면 알 수 있겠지만 산맥 전체가 국경이라고 해도 될 것이다. 피레네 산맥의 흰 띠를 보고 나의 놀라움은 커졌다. 피레네 산맥과 몬세라트산 사이의 거리는 대략 120㎞ 정도다. 그런 데다 피레네 산맥 중간에 시야를 가릴 만한 산들이 첩첩 겹쳐 있어 충분히 장애물이 될 것 같았다. 희미하기는 하지만 이렇게 멀리 떨어진 거리에서 분명하게 피레네 산맥이 보인다는 것은 몬세라트 산과 피레네 산맥의 높이가 생각보다 훨씬 높다는 것을 알 수 있다. 하지만 더욱 놀란 것은 맑은 공기다. 도대체 공기가 얼마나 깨끗해야만 하느냐의 문제다. 청정한 공기는 120㎞ 이상 떨어진 거리의 사물을 볼 수 있게 해준다. 이번엔 고개를 숙여 몬세라트 산 아래로 깊게 파인 계곡을 내려다보았다. 산과 산 사이에 파인 계곡은 규모가 대단할 뿐만 아니라 퇴적층의 흔적을 보여주는 회색 줄무늬 띠가 있다. 회색빛과 푸른빛의 띠가 번갈아 가면서 계곡물이 흐르는 깊은 곳까지 줄무늬가 이어져 있다. 아마도 회색빛은 암석으로 이루어진 층일 것이고, 푸른빛의 띠는 흙으로 이루어진 층일 것이라는 생각이 든다. 몬세라트라는 장대한 자연을 보면서 혼자만의 생각을 접고 사진을 찍기 시작하였다. 어느 배경을 구도로 정하든지 모두가 작품성이 뛰어난 사진이 될 수 있으므로 많은 양의 사진을 찍었

산미구엘 전망대에서 본 수도원

산미구엘 전망대

회색빛과 푸른빛의 띠

다. 공기가 차가웠던 수도원에서와 다르게 산 미구엘 전망대는 햇볕
이 따스해서 봄날처럼 느껴진다. 시간이 여유롭다면 돗자리를 깔고
앉아 소풍을 즐기고 싶은 마음이 든다.

13시에 시작한다는 소년성가대의 합창을 보기 위해 서둘러 수도원

성가대

수도원 내부

으로 발길을 돌렸다. 수도원에 도착했을 때는 성가대 합창 시간까지 약 20분이 남았으므로 카페테리아에서 점심을 해결하기로 했다. 카페테리아 음식은 비교적 입맛에 맞는 편이라 괜찮은 식사를 한 것 같았다. 식사 시간을 빠르게 하지 못한 탓에 합창단 공연이 시작된 지 5분 후 수도원에 입장하게 되었다. 관람객이 많아 좋은 위치에서 관람은 어려웠다. 이런 상황이 될 줄 알았더라면 미리 자리를 잡고 기다렸다가 공연을 보고 나서 점심을 먹었을 텐데, 판단을 잘못하였다. 공연은 10분 만에 끝나고 말았다. 공연시간에 맞춰서 입장하지 않고 지각을 한 탓에 싱겁게 끝난 관람이 되어 버렸다.

성가대의 합창을 마지막으로 몬세라트에서 꼭 봐야 할 것들은 대부분 둘러본 것 같다. 더 이상 몬세라트에 머무를 필요가 없다는 생각이 들어 오후 1시 15분 산악열차를 타기로 결정했다. 열차시간을 5분 남겨두고 산악열차 정거장까지 뛰어서 열차에 겨우 탈 수 있었다. 산악열차에는 한국인들이 거의 대부분이다.

내 옆자리에서는 배낭여행 중인 대학생들이 이야기꽃을 피우고 있다. 그들은 보통 1달 이상의 시간을 갖고서 여행을 하고 있다고 한다. 그들이 누릴 수 있는 시간과 젊음이 부러웠다. 하지만 나도 그런 시절이 있었다. 22년 전 배낭을 메고 바르셀로나를 여행했던 젊음이 있었기에 마냥 부럽지만은 않았다.

　모니스토롤 데 몬세라트역에 도착하면 R5 열차로 환승을 한다. 오후 3시쯤 스페인 광장역에 도착하여 약간의 시간적 여유가 느껴졌다. 아내와 린, 예린은 많이 피곤해하여 숙소에 들어가 잠시 쉬라고 하고, 나는 현지 통신사인 보다폰 매장에 들어가 유심(1기가에 10유로)을 사고자 했다. 그런데 유심을 구매할 때 여권을 보여 달라고 한다. 숙소에 여권을 두고 온 탓에 유심을 구입할 수 없었다. 유심을 구입하기 위해 숙소에 다녀와야 했다.

TIPS!!

몬세라트 수도원

서기 880년에 한 무리의 목동 아이들이 몬세라트산 하늘에서 빛이 내려오는 것을 보았다. 천사들이 노래하고 아이들은 기뻐했으며 천사들의 방문은 한 달 동안 계속되었다. 마을 사제들은 이곳을 둘러보다가 동정녀 마리아를 발견하였다. 이후 11세기에 올리바 수도원장은 이곳에 작은 수도원을 세웠다.

몬세라트 수도원 성가대

몬세라트 수도원에 성가대가 조직된 것은 13세기이다. 1410년에 대수도원으로 승격함에 따라 15세기에서 16세기에 걸쳐 수도원 생활의 개혁이 일어나면서 황금시대를 맞이하게 된다. 밝고 부드럽고 아름다운 울림과 뛰어난 하모니로 르네상스, 바로크 시기의 종교 작품에 훌륭한 성과를 올리고 있다. 성가대 전원이 수도원에 부속하는 '에스콜리니아'라는 음악 교육 기관에서 높은 교육을 받고 있어 가창력 수준이 높다.

몬주익의 영웅을 찾아

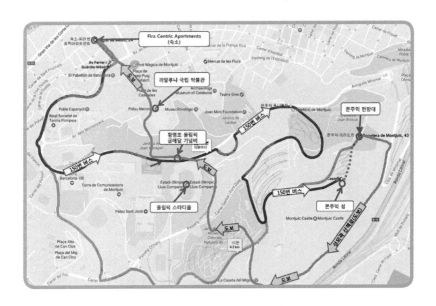

TIPS!! 몬주익

바르셀로나 남서부에 위치한 몬주익 언덕은 해발 213m로 나지막하지만 언덕 위에 있는 미라마르 전망대에서 바르셀로나 시내를 바라보는 풍경과 바다까지 한눈에 볼 수 있는 뷰 포인트로 인기가 높다. 지하철역과 몬주익 언덕을 잇는 케이블카인 '푸니쿨라'에서 바라보는 전망도 훌륭하다. 몬주익 성에서는 바르셀로네타 항구가 내려다보이는 풍경을 감상할 수 있다.

숙소에서 캔맥주를 마시고 잠깐 쉬다 보니 피곤함이 몰려왔다. 지나친 휴식은 시차적응을 더욱 어렵게 만들 수 있으므로 인내심을 갖고 숙소를 나와 몬주익성으로 향했다. 숙소에서 300m 거리에 있는 카탈루냐 국립박물관 입구에서 150번 버스를 타면 몬주익성 근처까지 갈 수 있다. 1인당 버스요금은 2.15유로(4명에 8.6유로)다. 이 금액이면 택시를 타는 편이 훨씬 좋았을 텐데 버스요금 정보를 몰라 시간과 돈을 낭비했다.

몬주익 언덕에 올라가는 길은 경사가 심하고 꼬불꼬불해서 잠깐만 타고 있었음에도 멀미가 났다. 곧 몬주익성이 종점인 듯 대부분의 승객들이 내렸다. 몬주익성 내부 관람을 위해 입구부터 찾아 들어갔다. 그때 입구에서 안내하는 직원이 우리의 앞길을 가로막았다. 몬주익성은 오후 5시까지만 입장이 가능하며 6시에 문을 닫는다고 한다.

시간이 늦어진 관계로 몬주익 전망대로 향했다. 지중해 바다와 바르셀로타 해변, 바르셀로나 중심을 한눈에 볼 수 있는 몬주익 전망대는 꾸준히 관광객들이 찾아오는 명소답게 한국인들이 많았다. 구름이 많은 날씨 때문인지 빗방울이 간간히 흩날리면서 점점 쌀쌀해졌다.

우리는 성벽을 따라 올림픽 스타디움 방향으로 트레킹을 하기로 했다. 전망이 좋은 성벽을 따라 걷는 것은 상쾌한 분위기 때문에 기분 좋은 산책이라고 할 수 있다. 단, 빗방울이 조금씩 떨어지는 날씨가 염려되었다. 운동하기 위해 나온 현지인들은 러닝을 하는데 이 정도의 빗방울은 개의치 않는 것 같아 보인다. 서울에서는 미세먼지로 인해 바깥 운동이 썩 내키지 않지만, 공기가 맑은 바르셀로나에서는 러닝이 매우 유익할 것이다.

| 몬주익 성 | 바르셀로나 항구 | 바르셀로나 올림픽 스타디움 | 황영조 기념비 |

숲을 지나고 언덕을 내려오면 올림픽 스타디움에 이르게 된다. 시간이 다소 늦어진 탓에 올림픽 스타디움에도 입장할 수 없었다. 올림픽 스타디움 내부를 들여다보는 것으로 만족하고 황영조 마라톤 기념비를 찾았다. 1992년 바르셀로나 올림픽에서 황영조 선수가 마라톤 우승을 하였는데, 이를 기념하기 위해 자매결연 관계인 바르셀로나시와 경기도가 이 기념비를 만들었다고 한다. 손기정 옹 이래로 올림픽에서 마라톤 금메달을 땄던 황영조 선수는 국민적인 영웅이 되었는데 결국 이런 기념비까지 만들어졌다.

날이 많이 어두워지기 시작했다. 간간히 뿌리던 빗방울은 멈췄지만 더 어두워지기 전에 서둘러 스페인 광장으로 가야 할 것 같았다. 지도에서 표시한 경로를 보면 알 수 있듯이 카탈루냐 박물관 옆길을 통과하면 스페인 광장까지 갈 수 있다. 일정을 세울 때 충분치 못한 시간 때문에 카탈루냐 박물관 내부 방문은 처음부터 제외했다. 게다가 스페인 광장에서 볼 수 있는 유명한 분수 쇼도 겨울에는 쉰다고 한다. 분수대의 모습과 규모를 확인하고 스페인 광장과 카탈루냐 박물관의 야경을 감상했다. 그러다 우리는 숙소로 가지 않고 스페인 광장역 방향으로 발길을 돌렸다. 저녁 시간을 이용하여 카탈루냐 광장에 가서 쇼핑을 하면 좋을 것 같았기 때문이다.

까탈루냐 광장

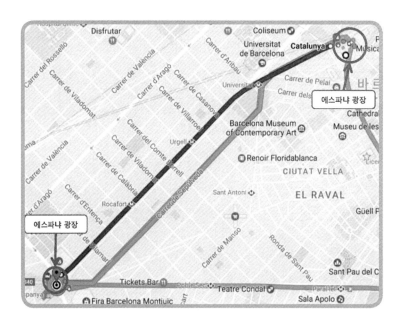

TIPS!!

카탈루냐 광장은 바르셀로나 시내의 중심가에 위치하고 있다. 광장 주변에는 사무실과 은행, 상점, 상가들이 즐비하다. 광장 남쪽은 람블라스 거리로 연결된다. 교통과 시내 접근성이 좋기 때문에 여행객들은 주로 카탈루냐 광장 근처에 숙소를 정하는 편이다.

쇼핑을 목적으로 카탈루냐 광장에 왔으므로 브랜드 인지도가 있는 의류매장을 찾아보았다. 이곳은 자라(ZARA), 에이치엔엠(H&M), 망고(MANGO), 마시모뚜띠, 키코(KIKO) 등의 다양한 브랜드 매장이 몰려 있어 쇼핑하기에 좋다. 우리가 미리 검색해 본 바에 의하면 람블라스 거리를 따라서 자라(ZARA) 매장이 세 곳이나 있었다. 그러나 이 쇼핑은 별 소득 없이 피곤한 일이 되고 말았다. 린과 예린을 위한 옷을 사려고 했으나 아이들 옷은 많지 않았다. 지난해 이탈리아-오스트리아 국경에서 들렀던 아웃렛 센터 브레너(Outlet Center Brenner)를 생각하고 바르셀로나 시내 쇼핑을 계획했었는데 이곳의 옷들은 우리의 관심을 전혀 끌지 못했다. 린과 예린이 피곤해하고 아내도 지친 기색이 역력했다. 결국 오늘 일정을 여기서 마무리하기로 하고, 지하철(L1선)을 이용하여 스페인 광장으로 되돌아왔다.

까탈루냐 박물관

아레나스 데 바르셀로나

　스페인 광장 옆에는 투우장을 개조해서 만든 쇼핑몰이 있다. 그곳은 에스파냐역과 지하로 연결된 아레나스 데 바르셀로나이다. 외관을 보면 알 수 있듯이 이곳은 투우장이었다. 스페인 남부 안달루시아에선 여전히 존재하고 있는 투우가 바르셀로나에서는 금지되어 현재의 모습과 같이 쇼핑몰로 리모델링되었다. 이 복합쇼핑몰에는 레스토

아레나스 데 바르셀로나

랑, 카페, 의류 매장, 전자제품 매장, 큰 슈퍼마켓 등등 거의 모든 것
이 다 있다고 보면 된다. 몬세라트에서 돌아올 때 유심카드를 구입했
던 곳도 바로 이곳 지하 1층에 있던 보다폰 숍이다.

그래서 스페인 광장역에 도착하여 아레나스 데 바르셀로나로 가보
기로 했다. 슈퍼마켓에 들러 간식, 우유, 아이스크림 등을 구입했다.
오후에 샀던 오렌지가 달콤했다고 해서 그것도 또 샀다. 스페인은 과
일 천국인 것 같다. 우리나라에 비해 가격이 훨씬 저렴하고, 맛도 더
좋다. 하지만 숙소에 돌아왔을 때 아이들이 먹고 싶어 한 것은 라면
이었다. 여행 중 라면만큼 맛있는 음식은 없을 것이다.

PORTUGAL

SPAIN

PART 04

바르셀로나

- 여행 3일 차 -

구엘 공원

구엘 공원은 시민의 편의를 위해 아침 8시 이전까지 무료로 개방하고 있다. 우리는 시간과 입장료를 고려하여 8시까지 서둘러 가기로

했다. 린과 예린이 아침 6시에 잘 일어났다. 적응되지 않은 시차 때문이다. 여행을 하는 데 시차가 유리하게 작용하고 있다. 물론 서둘러야 한다는 나의 요구가 반영된 것이기도 하지만 아이들은 생각보다 잘 따라주고 있다. 아침 메뉴는 카레 밥, 누룽지, 어묵국, 과일 등이다. 여행할 때 아침에 누룽지를 끓여 먹는 것은 좋은 방법으로 자리 잡았다. 특히 밥맛 없는 아침에 누룽지를 끓여 먹으면 구수함 때문에 금방 입맛이 돌게 되고 속이 부드럽고 편안해져서 좋은 컨디션을 유지하게 된다. 6시 50분쯤 숙소에서 나섰다. 지하철(L3선)을 타기 위해 스페인 광장역으로 걸어가는데, 이제는 이 길이 많이 익숙해졌다. 조명으로 밝혀진 스페인 광장의 조형물들은 어슴푸레한 숲속의 도깨비불에 비치는 것처럼 느껴진다.

스페인 광장 역에 들어가다 보니 눈에 띄는 사람이 있었다. 다름 아닌 노란색 안전복을 입고서 밀대로 바닥을 닦고 있는 청소 미화원이었다. 청소 미화원은 세상에서 가장 부지런하게 느껴진다. 살면서 보아왔던 그들은 대부분 나이 많은 아저씨 아주머니다. 그래서 미화원의 나이에 대한 고정관념이 있다. 그런데 스페인 광장역에서 청소하는 미화원은 아줌마라고 하기에는 젊었고 깨끗한 복장을 하고 있기 때문인지 미녀로 보였다. 역사시설물의 이모저모를 사진에 담다가 미화원에게 한눈을 팔게 되었고 결국 몰카 아닌 몰카까지 찍었다. 혼자 여행 중이었다면 아마 사진을 같이 찍자고 제안했을 것이다.

다른 것들에 눈을 돌린 참에 미화원 외에 독특한 것들도 사진을 찍어 두었다. 청소용품이 있는 카트는 깨끗하고 편리하게 만들어진 것 같다. 벤치마킹하면 좋을 것 같아 보인다. 그 옆에는 즉석사진을 찍을 수 있는 무인사진기가 있고, 음료수 자판기와 무인보관함도 있다. 무인사진기는 우리나라와 별반 차이가 없어 보인다. 무인사물함의 운영시스템과 구조도 우리와 비슷할 것 같아 보인다. 대합실 맞은 편에는 승차권 발매기가 있다. 여행자를 위한 승차권 발매 정보도 있다. 지하철 10회권의 티켓은 1회권 10장보다 가격이 저렴하므로 어제처럼 10회권 티켓을 발매하였다. 발매기 왼쪽에는 역 직원이 나란히 서서 안내를 한다. 끊임없이 웃으며 즐거운 대화를 나눈다. 자세도 바르고 표정도 밝아 보여 좋은 인상을 심어준다.

열차를 타기 위해 L3 노선의 승강장으로 갔는데, 스크린도어가 없어 선로를 보게 되었다. 스페인 철도의 궤간은 표준궤간(1,435㎜)이 아닌 광궤간이다. 표준궤간이 있기는 하지만 대부분이 광궤간으로 되어 있는 것으로 알고 있다. 그래서 바르셀로나 전동차 객실의 좌우폭이 넓다는 것을 누구나 쉽게 느낄 수 있다. 한동안 철도차량 엔지니어로 일을 했던 터라 시시콜콜한 것까지 관찰하게 된다. 전동차가 플랫폼에 들어왔을 때 색다른 경험을 하게 된다. 열차가 정지하였는데도 타고자 하는 열차의 출입문이 열리지 않았다.

"왜 이러지?"

하고 말하는 순간, 린은

"출입문 버튼을 누르세요."

라고 말하며 버튼을 꾹 눌러 열차 출입문을 열었다. 열차출입문은 개별동작이 가능한 시스템으로 되어 있던 것이다. 전동차의 냉난방 효율을 위해 내가 사회생활 초년에 제안했던 출입문 시스템을 바르셀로나에서는 이미 활용하고 있었다. 대학원 시절, 석사 논문의 주제를 선정하지 못하고 있었을 때 이와 같은 방식의 출입문 제어시스템 아이디어를 생각해냈다. 출입문 개폐에 따른 냉난방 손실을 막아 에너지 효율을 증대하려는 방안으로 출입문 개별 동작 시스템을 제안하는 논문을 쓸 생각이었다. 하지만 실험과 시뮬레이션이 불가능하다는 교수님의 반대로 다른 주제를 찾아야 했다.

우리는 열차에 탑승하여 레셉스(Lesseps)역에서 하차를 하였고, 116번 버스정류장을 찾았다. 구글 맵에서는 2~3분 내로 도착하는 버스시간까지 확인할 수 있다. 116번 버스가 왔는데 전혀 생각지 못했던 빨간색 미니버스였다. 이른 시간임에도 불구하고 꽤 많은 사람들이 버스를 탔지만 관광객은 우리 가족뿐인 것 같다. 내려야 할 정류장을 확인하기 위해 옆자리에 앉아 계시는 할머니께 물어보았다. 할머니께서는 웃으시며 자신을 따라오라고 한다. 우리와 함께 버스에서 내린 할머니는 친절하게 구엘 공원으로 가는 길을 정확히 짚어 주고 가셨다.

스페인 지하철 미화원　　　　청소도구 카드&즉석사진부스　　　　안전문이 없는 승강장

객실 출입문 열림 버튼　　　　　　　　　　116번 꼬마버스

7시 40분쯤 구엘 공원 정문에 도착하였다. 오전 8시 이전까지는 지역민들을 위해 공원 입장이 무료라는 정보를 알고 있었으므로 스스럼없이 구엘 공원 내부로 들어갔다. 아직 날이 밝지 않았기 때문에 가로등 불에 비친 헨젤과 그레텔에 나오는 과자의 집을 배경으로 기념사진을 찍었다. 그리고 도마뱀 조각상을 찾으러 광장 방향의 계단으로 올라섰다.

관광객으로 보이는 몇몇 사람들이 우리처럼 카메라를 들고 도마뱀 옆에서 포즈를 취하고 있었다. 이른 시간임에도 불구하고 관광객이 벌써 와 있었는데, 놀랍게도 그들 대부분은 한국인들이었다. 이른 아침에 만나는 한국인들 때문에 구엘 공원이 왠지 낯설지 않게 느껴진다. 이곳이 스페인으로 느껴지지 않을 정도로 많은 한국인들이 구엘 공원을 활보하며 다니는 걸 보면 한국인들이 정말 부지런하고 대단하게 느껴진다. 물론 우리 가족도 포함해서 말이다. 그 부지런함 덕분에 사람들의 방해를 받지 않고 도마뱀과 조우를 하였고 기념사진을 찍을 수 있었다. 또한 한국인들끼리 돌아가며 가족사진을 찍어주는

세상에서 가장 긴 벤치

빗물받이 장식

도마뱀(도롱뇽). 타일을 깨서 모자이크했는데, 그 당시 시멘트 접착력도 대단했을 것이다.

여유를 누릴 수도 있었다.

도마뱀은 단순한 조형물이 아니다. 조각난 타일을 거의 빈틈없이 촘촘하게 모자이크 처리한 것은 섬세한 기술과 정성이 담긴 예술의 결정체다. 정형화된 타일을 붙인다면 모자이크 처리가 쉽겠지만, 조각난 타일을 빈틈없이 붙이는 일은 많은 시간과 정성, 노력, 열정이 요구될 것이다. 대부분의 관람객은 가우디의 타고난 천재성을 말하지만, 내가 생각하는 가우디는 지치지 않는 노력과 열정의 소유자라고 느껴진다. 그의 작품들을 보면 그는 건축가이기 전에 예술가라고 하는 것이 맞을 듯하다.

8시가 지났어도 날은 그다지 밝아지지 않았다. 1월에 아침 해가 뜨는 시간이 이렇게까지 늦는 줄 몰랐다. 게다가 흐린 날씨 탓에 해가

TIPS!!

구엘 공원은 공원이라기보다는 마치 동화 속 나라에 들어온 것 같은 환상을 불러일으키는 곳이다. 가우디 건축의 특징인 형형색색 모자이크 장식의 건물과 자연이 어우러져 초현실적이고 신비로운 분위기를 연출하기 때문이다. 과자의 집처럼 생긴 건물이나 반쯤 기울어져 어딘가 불안해 보이는 인공석굴 혹은 꾸불꾸불한 산길 어디에선가 동화 속 요정이라도 만날 것 같은 느낌이다.

떴는지도 잘 모르겠다. 어느 순간부터 조금씩 환해지기 시작하는가 싶더니, 이슬비가 조금씩 날리기 시작한다.

도리아식 기둥이 있는 1층 광장(시장)은 아직 어두워서 2층 광장부터 올라가 보기로 했다. TV에서 많이 봤던 광장과 그 둘레를 감싸고 있는 꼬불꼬불한 벤치가 있다. 모든 건축물 표면을 화려하게 타일로 모자이크하는 기법이 가우디의 주특기 중 하나로 보인다. 벤치 바닥, 등받이, 벤치 뒷면, 난간, 배수로 등 모든 곳에 가우디 특유의 타일 장식이 들어가 있다. 모든 타일들을 자세히 관찰하고 싶었지만 눈에 쉽게 들어오는 몇 군데만 보기로 했다.

우선 타일의 종류가 다양하다. 깨뜨리지 않은 원형과 사각 타일이 있는데, 그 타일은 보통 단색으로 되어 있다. 하지만 이미 디자인을 해 놓은 것도 있었다. 그리고 그 타일을 중심으로 깨진 타일을 붙여서 무늬를 만드는 모자이크 작업을 했다. 벤치의 타일을 보고 나니 조금 전에 본 도마뱀의 타일이 떠오른다. 도마뱀은 타일을 규칙적으로 배열하여 정형화시킨 작품이라는 생각이 든다. 그에 비하면 벤치의 타일은 오히려 변화무쌍하고 현란하면서도 병풍처럼 펼쳐진 것이 잘 그려 놓은 추상화 같은 느낌이다.

린과 예린은 이런 신기한 예술 작품을 감상하는 것이 재밌었던지 즐거운 표정으로 여러 포즈를 취하며 사진을 찍고 타일을 관찰하다가 벤치에 올라가 본다. 이때 관리인의 호루라기 소리가 들렸다. 린이 벤치에 신발을 신은 채 올라간 것에 대한 경고였다. 다수가 이용하는 벤치에 신발을 신고 올라섰으니 대한민국 국격을 떨어뜨리는 행동을 하고 만 것이다. 린에게 곧바로 잘못을 인정하라고 했고 어색하게 미안하다는 제스처를 보내며 자리를 급히 떠나야 했다.

나투라 광장

물동이를 이고 있는 여인상

1월에 핀 이름 모를 꽃

파도를 형상화한 산책로

기둥이 기울어져 있어 파도를 연상시키도록 했다고 하지만 하중을 잘
지탱할 수 있도록 공학적인 설계를 하였다.

중앙광장(나투라 광장)에서 왼쪽으로 가면 돌기둥이 언덕을 지지하고 있는 통로가 나온다. 돌기둥은 기울어져 있고, 황토색 돌이 모자이크 재료인 듯 기둥을 감싸고 있다. 파도를 연상하여 만든 산책로라고 한다. 기둥 바깥쪽은 돌탑을 쌓아 다양한 형태의 조형물을 만들어 놓았다. 물동이를 이고 있는 여인상도 있지만 대부분은 야자수 나무를 형상화한 기둥들로 보인다. 기둥의 재료라고는 오직 황토색 돌뿐이다. 컬러 페인트칠을 한다거나 금속의 재료가 없기 때문에 흙집 같거나 혹은 반쪽이 열린 동굴 같은 느낌이 난다. 산책로를 쭉 걷다 보면 구엘의 집도 나온다. 공원을 감싸고 있는 산책로를 따라 아침 시간에 산책을 하고 조깅도 하는 현지인들이 눈에 들어온다. 산책로에는 노랑, 분홍색의 꽃들이 피어 있다. 1월에 피는 꽃이 무엇인지 모르겠기에 신기하기만 하다. 날이 훤히 밝아졌을 때 1층 중앙광장(시장)으로 들어가 보니 어느새 광장에는 많은 사람들이 들어와 있다. 영업을 시작한 과자의 집에 들어가 보았다. 내부에는 구엘 공원을 상징하고 가우디를 기념할 수 있는 기념품들이 전시된 숍이 있다.

1층 중앙광장 룸(콜로네이드 홀). 1층은 중앙 광장 룸, 2층은 중앙 광장 또는 나투라 광장(Placa de la Natura)이다. 1층의 기둥은 유리와 타일을 이용해서 만든 86개의 도리아식 기둥을 세워 마치 아테네 신전처럼 만든 콜로네이드 홀이다. 기둥 사이의 천장에는 도자기 조각이나 유리로 만든 모자이크의 멋진 원형 장식이 있다.

구엘 공원의 관람을 마치고 사그라다 파밀리아 성당으로 갈 시간이 되었다. 계획대로 92번 버스 정류장이 있는 우측 후문으로 걸어가는데 계속해서 가우디의 작품들이 늘어서 있어 볼거리가 끊이지 않는다. 아름답게 설계해 놓은 산책로, 쓰러진 꼬불이 나무를 보호하면서도 디자인의 일부분으로 동화시킨 것, 돌들을 모아 벤치와 화분 그리고 가로수 등으로 만든 것 등 놀라운 창작의 결과물들을 보면서 가우디가 만든 건축이나 조경 작품에서는 폐기물이 없을 것이라는 생각을 하게 된다.

중간 지점에는 가우디가 살았던 집도 있다. 이곳에 주택과 공원을 조성할 때 구엘이 자기 가족들만 살기에는 너무 넓어 가우디를 이곳에 살도록 공간을 제공하였다고 한다.

01 | 살아있는 증표 나무. 건설 당시에 있었던 나무를 보호하기 위한 설계를 하였다. 02 | 돌로 만든 의자. 산책로 가장 자리에는 이곳의 자연석을 이용하여 만든 벤치들이 늘어서 있다. 03 | 포르티고. 언덕을 감싸고 있는 구불구불한 구름다리와 포르티고(현관지붕)가 투박한 듯 보이지만 멋스럽다. 04 | 돌기둥 가로수. 돌기둥인 듯 화분인 듯, 돌기둥 위에 식물이 있어 독특하다. 아이들에게 많은 상상력을 심어줄 나무들 같다.

백 년의 미완성 걸작
사그라다 파밀리아 성당

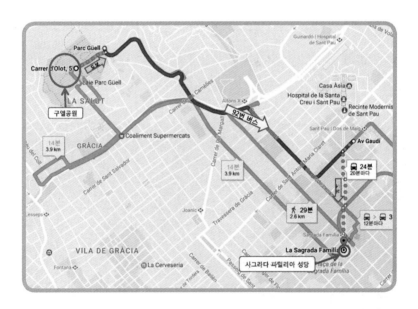

92번 버스를 타고 아베니다 가우디(Av Gaudi) 정류장에서 내려 8분 정도를 걸어가면 사그라다 파밀리아 성당이 나온다. 구엘 공원에서 많은 시간을 보내서 배가 고프기도 했지만 성당을 관람하는 데 많은 시간이 소요될 것 같아 입장하기 전에 간식을 먹기로 했다. 이때 빗방울이 떨어지기 시작해서 가까운 베이커리 전문점으로 뛰어 들어갔다. 이 가게에서 주문한 빵들은 대체로 만족스러운 맛이었다. 그사이 빗방울은 더 굵어져 성당으로 빨리 입장해야했다. 비가 많이 오는 탓에 줄을 서서 기다리는 사람은 거의 없었다.

인터넷으로 예약한 티켓은 탄생의 파사드(Tower on the Nativity facade) 타워에 올라가 바르셀로나 시내를 볼 수 있는 티켓이다. 아이들에게 가이드 투어는 지루할 것이고, 액티비티가 있는 체험이 좋겠다 싶었다. 훨씬 기억에도 많이 남을 것이고 재미도 따르는 이벤트라서 타워에 올라갈 수 있는 티켓을 예약했다. 미리 예약한 덕분에 티켓을 구매하는 대기시간 없이 입장이 가능했고 오디오 가이드도 건네받았다.

그러나 관람에 차질이 생겼다. 비에 미끄러질 수도 있는 안전사고 예방을 위해 타워 입장을 금지했다고 한다. 예약대로 10시 30분에 성당에 입장하였으나, 11시 30분에 타워에 오르려고 했던 계획은 틀어져 버렸다. 하는 수 없이 성당 내부만을 관람하게 되었다. 가우디 투어 없이 오디오 가이드에 의존하는 것은 쉬운 일이 아니었다. 오디오 가이드는 불편하기 때문이다. 관람이 이렇게 재미없게 진행된다면 차라리 현지가이드 투어를 준비하는 편이 훨씬 좋을 것 같았다.

이때, 한국인 관광객으로 이루어진 투어팀들이 계속해서 들어왔다. 여러 투어팀들과 많은 관광객의 동선이 비슷하므로 우리는 이들과 자연스럽게 함께 어울리며 사그라다 파밀리아 성당 투어에 참여하게 되었다.

사그라다 파밀리아 성당에 관한 상세한 해설은 부록에 수록해 두었다.

온갖 이야기들로 가득 찬 성당 내부의 기둥, 천장, 제단 등의 이야기를 제대로 알고자 한다면 많은 공부가 필요할 것 같다. 또한 성당 내부와 지하의 박물관, 다양한 전시물, 실제 작업하는 모습 등 모든 것을 둘러보는 데 상당한 시간이 걸린다.

지하에는 가우디의 시신도 안치되어 있다. 이 성당에서뿐만 아니라 바르셀로나, 더 나아가 스페인에서 가우디는 성인처럼 추앙받는 사람이 되었다. 실제로 성인 반열에 올리기 위해 바티칸과 협의를 하고 있다고도 한다. 이렇게 된 가장 큰 이유는 가우디가 만든 작품들로 인해 벌어들이는 수입이 지역 경제를 부유하게 만들어 주었기 때문이다.

그러나 당시에 가우디는 신앙심으로 건축을 하였을 것이다. 가우디는 독신이었다고 하니, 오로지 신앙에 따른 작품 활동에 모든 에너지를 쏟아 부었을 것이다.

비가 그쳤을 때 성당을 빠져나왔고 지하철(L5)을 이용하여 다음 장소인 카사 밀라로 향했다.

탄생의 파사드

수난의 파사드

성당 프라모델

카사 밀라와 카사 바트요

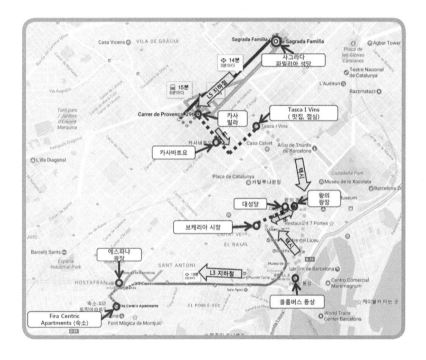

　오후 1시쯤 사그라다 파밀리아 성당을 떠나 카사 밀라로 향했다. 카사 밀라는 지하철로 대략 15분 정도 걸린다. 오늘의 일정 대부분은 장시간 걷거나 서서 관람을 하는 것이어서 적절한 휴식이 필요했다. 그래서 카사 밀라와 카사 바트요는 건물을 보면서 알고 있는 특징을 간단

히 설명만 하고 점심 식사를 하기로 했다. 린과 예린은 카사 밀라와 카사 바트요에 크게 흥미를 갖지 않았고 설명을 잘 해줘도 귀가 막혀 있는 듯했다. 사그라다 파밀리아 성당을 먼저 봐서 감흥이 없는 것 같았다.

 카사는 집이고 밀라는 사람 이름이다. 카사 밀라는 밀라의 의뢰에 의하여 짓게 된 공동주택으로 보면 된다. 가우디의 건축 작품이 그렇듯 일반적인 건물과는 다르게 곡선으로 만들어졌다. 당시 획기적인 디자인이 사람들에게는 반감을 일으켰고, 풍자와 조롱의 대상이 되어버렸다고 한다. 주인이었던 밀라는 이 건물을 헐값에 매각했고, 현재는 중소형 은행의 소유가 되어 관광객으로부터 많은 입장 수입을 벌어들이고 있다고 한다.
 외형의 가장 큰 특징은 파도처럼 보인다는 것이다. 특별히 눈에 띄는 것 중 한 가지는 테라스의 장식인데, 이것은 바다에서 나는 해조

TIPS!! 카사 밀라

카사 밀라는 가우디가 1906년에 설계하고 1910년에 완공한 작품으로 성가족교회에 몰입하기 전 혼신을 다한 작품으로 알려져 있다. 가우디의 가장 시적이고 기념비적인 작품이며 '라 페드레라(채석장이라는 뜻)'라고도 불린다. 가우디가 석공들의 조각품까지 자신이 직접 디자인하는 등 온갖 정성을 쏟은 건축물로 유명하다.

류에서 모티프를 얻었다고 한다. 꽃 모양의 탑과 건물 외벽에 일일이 박아 놓은 타일과 곡선 디자인. 이런 특징들이 가우디가 건축한 건물임을 쉽게 느낄 수 있도록 해준다.

카사 밀라에서 카사 바트요까지는 그라시아 거리를 따라 천천히 걸어도 7~8분이면 충분하다. 주변은 쇼핑몰들과 각종 매장들이 늘어서 있어 그라시아 거리가 바르셀로나 시내 중심 지역임을 보여 준다. 린과 예린은 카사 밀라보다 카사 바트요를 내심 기다렸다고 한다. 해골 모양의 테라스를 실제로 보고 싶었기 때문이라고 하는데, 사실 가우디 건축에 대한 지식이 없는 사람 입장에서 보면 색다르고 임팩트한 요소들을 더 많이 기억하게 되는 게 당연할 것이다. 그런 측면에서 아이들이 보는 눈이 정확할지도 모른다.

해골 모양의 테라스는 관람보다는 관찰을 하게 되는 호기심을 발동시킨다. 자세히 보면 뼈와 해골의 눈, 코, 입이 특징적으로 보인다. 벽을 덮고 있는 청록색 타일은 용의 껍질과 같은 느낌이고, 발코니와 기둥은 해골과 뼈를 연상시키는데 카사 밀라에 비해 화려한 타일 조각으로 입혀져 있다. 외부는 반짝이는 바다를 추상적으로 표현하였고 내부는 해저 동굴을 형상화하였다고 한다. 멀리서 볼 때는 화려한 건물이지만 가까이 보면 확실히 뼈 모양이기 때문에 건축 당시에는 뼈로 만든 집이라고 불렀다고 한다. 건물의 정면은 세라믹 타일을 이용한 모자이크 장식으로 만들었고 어두운 오렌지색에서 녹색과 푸른색으로 이어지는 색채가 매우 독특하다. 색유리 파편과 원형 타일로 만들어진 세라믹 타일은 햇빛을 받으면 거대한 보석처럼 가지각색으로 빛나고 환상적인 분위기를 만든다고 하는데 궂은 날씨 탓에 타일에 반사되는 반짝임은 볼 수 없었다.

　카사 바트요까지 일정을 마치고 나니 오후 2시가 되었다. 카사 바트요에서 10여 분 거리에 위치한 현지 한국인들이 추천하는 레스토랑을 향해 걸었다.

TIPS!! 카사 바트요

카사 밀라의 테마가 '산'이라면 카사 바트요는 '바다'를 형상화한 건물이다. 직물업자 바트요를 위해 지은 저택으로, 외관은 바르셀로나의 수호성인인 성 조지의 전설(기사 게오르기우스가 악한 용과 싸우는 이야기)을 담고 있다. 벽을 덮고 있는 청록색 세라믹은 용의 껍질이고 발코니와 기둥은 시체의 해골과 뼈를 연상시켜 마치 판타지영화 배경을 연상케 한다.

메뉴 안내

레스토랑 내부

카사바트요 외부(해골 모양테라스)

카사 바트요에서 따스카 이 빈스 레스토랑까지는 꽤 멀게 느껴졌다. 이곳에 대한 평이 좋았기 때문에 기대감을 갖고 가족들을 안내했다. 레스토랑 입구에 이르렀을 때 간판은 찾을 수 없었다. 우리나라와 다른 간판문화 때문에 레스토랑을 찾기가 쉽지 않았던 것이다. 하지만 입구에 들어가서 본 레스토랑은 술집 바와 같은 분위기라 활기찬 모습이 마음에 들었다. 우리나라의 분위기 좋은 호프집 또는 스페인 스타일의 선술집으로 느껴진다. 그러나 엄연한 레스토랑이다.

우리가 택한 메뉴는 해물 빠에야, 먹물 빠에야, 감자튀김, 해물요리, 음료수 2잔과 샹그리아 1잔으로 27.35유로였다. 메뉴를 골라 주문을 하고 레스토랑의 화려한 벽면 장식과 그림을 보다가 TV를 보았다. 일기예보 중이었는데, 기상캐스터가 각 지역의 날씨를 안내하고 있었다. 어느 지역에 폭설이 내려 교통이 마비된 상황이 뉴스로 나오고 있는데 뉴스보다 기상캐스터에게 관심이 쏠렸다. 우리나라의 기상캐스터와는 너무도 대조적인 몸매와 인물로서 대단한 체격의 여자였기 때문이다. 스페인에서는 기상캐스터를 채용하는 데 몸매가 중요하지 않은가 보다. 우리나라에서 기상캐스터라 함은 기본적으로 미인이어야 한다. 그녀들은 정장차림 혹은 세련된 의상을 차려입고 TV에 출연하지만 스페인에서는 캐주얼한 의상에 풍성한 몸매를 가진 인물이 기상캐스터를 하고 있었다.

잠시 후 주문한 음식이 나왔다. 처음 맛보는 빠에야였지만 거부감이 없었기 때문에 충분히 맛을 음미할 수 있었다. 솔직히 우리 입맛에는 감자튀김이 훨씬 좋은 것 같다.

콜럼버스 기념탑

　레스토랑에서 콜럼버스 기념탑까지 거리는 2.5㎞(도보 30분)다. 이 정도의 거리를 4인이 이동할 경우 대중교통을 이용하는 것보다 택시를 타는 걸 추천하고 싶다. 시간과 체력 문제까지 고려한다면 택시를 이용하는 것이 더욱 좋을 것 같다. 콜럼버스 기념탑은 생각보다 화려하고 웅장해 보인다. 스페인 정부에서 신대륙을 발견한 콜럼버스를 기념하기 위해 많은 노력을 기울였다는 것을 알 수 있다.

　탑 위에 우뚝 선 콜럼버스가 손을 뻗어 가리키는 곳은 대서양이라고 한다. 또한 콜럼버스가 신대륙을 발견할 당시의 역사적 사실(일대기)들을 탑 하단에 화려한 동상과 부조로 장식해 놓은 것도 볼 수 있다.

　탑을 둘러싸고 있는 많은 동상들 가운데 알아볼 수 있는 것은 이사벨 여왕 동상뿐이다. 탑 주변을 둘러싸고 있는 8마리 검은 사자상은 늠름한 자세로 탑을 호위하는 듯하다. 거대한 크기에 사실적인 묘사가 아이들의 관심을 제대로 끈다. 린은 사자 등에 올라타고 사진

찍는 것을 즐기고, 그러지 못하는 예린은 사자 등에 올라탈 수 있도
록 도와 달라고 한다.

콜럼버스 탑에 전망대가 있다고 하여 올라가 보고자 하였으나 탑
주위를 돌아봤음에도 입구를 찾을 수 없어 포기하고 말았다. 아이
들은 예술작품 또는 문화재의 감상보다는 액티비티가 있어야 흥미가
살아나고 즐거워하기 때문에 탑에 올라갔다면 린과 예린이 무척 좋
아했을 텐데 아쉽게 되었다.

이사벨 여왕 상(오른쪽 측면)과 사자

보케리아 시장

콜럼버스 기념탑 앞에서 보케리아 시장까지는 약 1㎞ 거리지만 택시를 타서 2~3분 만에 도착했다. 시장에 들어서자 입구부터 형형색색의 과일과 견과류, 과자들이 가득 쌓여 있다. 어느 골목은 스페인이 자랑하는 올리브와 오렌지 및 허브 가게가 줄지어 서 있다. 올리브 판매 가게 올리솔리바(Olisoliva)에는 스페인의 자랑이자 이 지역에서 생산한 올리브가 가득 쌓여 있다. 올리브유와 온갖 맛이 나는 다양한 절임도 많다. 화려한 건 온갖 색깔의 과일만이 아니다. 붉고 흰 색깔의 젤리 과자와 알록달록한 비닐에 싸인 막대사탕 츄파 춥스(Chupa Chups)가 화려하게 진열되어 있다.

츄파 춥스는 1958년부터 바르셀로나 기업가 엔리크 베르나트(Enric Bernat)가 처음 생산을 시작했으며 초현실주의 화가 살바도르 달리

(Salvador Dali)가 로고를 그렸다.

눈길을 끌도록 매달아 놓은 하몬은 과연 어떤 맛일지 호기심과 궁금증을 자아낸다. 듣기에 하몬의 맛은 천차만별이며 가격 또한 너무 다양해서 겨우 몇 번 먹어보고 맛과 가격을 평가하기가 어렵다고 한다. 하몬은 흑돼지 뒷다리만 사용하는 것은 아니라고 한다. 지중해에 풍부한 참치를 염장한 하몬인 모하마(Mohama)라는 것도 있다.

시장에는 영어 메뉴판이 구비된 스탠드바도 있고 날짐승과 달팽이를 비롯하여 지중해에서 갓 잡아온 온갖 신선한 해산물이 풍부하다. 우리와 같은 관광객들은 피노초 바(Pinotxo Bar)같은 데서 스페인 사람들이 사랑하는 전채요리 타파스(Tapas)를 주문하거나 헤나로(Genaro) 같은 점포에서 해산물을 사서 즉석조리 식당에 자리를 잡고 주스를 비롯한 음료와 더불어 간단한 식사를 할 수 있다.

린과 예린의 갈증을 해소하기 위해 어느 생과일주스 가게 앞에서 원하는 주스를 사주었다. 린은 라즈베리와 바나나를 섞은 생과일주스를 집었고, 예린은 석류 1컵을 들었다(1컵에 2유로). 우리 부부는 피노초 바에서 타파스를 먹고 싶어 여러 가게를 기웃거리다 한국인 손님이 일어나는 빈자리에 앉으려고 했다. 떠나는 한국인에게 음식 평을 들어보니 맛보다 배를 채웠다는 데 의미를 두었다고 말한다. 그 말을 듣고 자리를 뜨게 되었다.

람블라스 거리에 내리던 비는 그쳤다. 오후 5시가 되면 바르셀로나 대성당에 무료로 입장할 수 있다고 해서 시간에 맞춰 이동하였다.

젤리&사탕 가게

하몽 가게

피노초 바

바르셀로나 대성당

보케리아 시장에서 바르셀로나 대성당까지는 걸어서 6분 정도 소요된다. 현지인에게 성당 가는 길을 물어볼 때는 '카테드랄'을 찾는다고 표현해야 한다. 다른 용어를 쓰면 알아듣지 못한다.

고딕 지구의 골목 상가를 구경하는 것은 걷기의 지루함을 달래준다. 오래된 건물에 상점들이 늘어서 있지만 내부는 현대식이면서 팔고 있는 상품은 정말 다양하다. 단, 상점들은 대부분 간판이 없기 때문에 내부를 들여다봐야 무슨 물건을 파는 가게인지 알 수 있다. 골목길을 나와 넓은 광장에 이르자 드디어 바르셀로나 대성당이 눈에 들어왔다.

바르셀로나의 성당이라고 하면 사그라다 파밀리아 성당을 먼저 생각하게 되지만 역사적인 면이나 규모를 봐서는 바르셀로나 대성당이 우선이 되어야 한다. 왜냐하면 사그라다 파밀리아는 '성당'이고, 바르셀로나 대성당은 '대성당'이기 때문이다. 대성당은 주교가 있고 성당은 주교가 없는 차이가 있다.

성당 앞 광장은 많은 사람들이 여유를 즐기는 공간이다. 단체 관광객으로 보이는 사람들이 몰려다니고 수학여행을 온 학생들도 많다. 바르셀로나 대성당은 역사만큼이나 정말 오래되었기 때문인지 엄숙하고 기품이 묻어나면서 웅장하다. 가까이 가면 벽돌에 많은 손상(특히, 총탄의 흔적)이 있는데 스페인 내전의 뼈아픈 결과물이다.

5시부터 무료입장이라고 알고 있었는데, 입장권 판매소에서는 아니라고 한다. 여기까지 걸어온 노력이 있으므로 요금을 내고 들어가 보기로 했다. 어린이는 무료, 성인은 1인당 5유로이므로 총 10유로를 지불하고 들어갔다.

관람은 성당 내부 측면부터 시작된다. 제단에는 성자들의 조각상이 모셔져 있는데 창살이 가로막고 있어 거부감이 생기기도 했다. 황금으로 조각된 성자와 제단, 주변의 장식은 말로 형용할 수 없는 아름다움과 사치스러움이 뒤엉켜져서 보는 이의 눈을 현란하게 만든다. 대성당 전면 제단 위의 궁륭은 지붕 살을 변칙적으로 활용하여 우아함을 높여 주었다. 하지만 이보다 일반인의 눈을 놀라게 하는 것은 천장을 벽돌로 만들었다는 것이다.

중앙 제단에 들어서면 예배를 볼 때 신도들이 앉는 장의자가 있다. 관람보다 휴식이 필요했던 린과 예린은 먼저 달려가서 장의자에 앉았다. 나는 성당을 돌아보며 어두운 실내에서 조금 더 나은 사진을 찍으며 시간을 보냈다. 중앙 제단 앞에는 지하 제단이 있다. 바르셀로

TIPS!!

바르셀로나 대성당은 고딕 지구를 상징하는 랜드마크로서 일대에서 가장 오래된 건축물이다. 1298년 자우메 2세 때 착공하여 1448년에 완성되었다. 이 지방 특유의 카탈루냐 고딕 양식으로 건축되었는데도 신랑과 측랑의 높이가 거의 같아 로마네스크 양식으로 보이게 만든 특이한 구조이다.

나 대성당에서 꼭 찾아봐야 할 곳이라고 한다. 지하 제단에 안치된 바르셀로나의 수호성인 산 에우랄리아 때문이다. 성가대석을 둘러싼 흰 대리석 묘에는 바르셀로나의 수호 성녀인 산타 에우랄리아가 처형 되는 순교 장면이 조각되어 있다. 성당에서는 산타 에우랄리아를 기리기 위해 해마다 2월이면 축제도 연다. 산타 에우랄리아는 서기 290 년에 바르셀로나 외곽의 시골 마을에서 태어나 303년에 죽었다. 당시 로마의 황제였던 디오클레티아누스는 가톨릭 신자들을 박해했는데, 그때 고문으로 사망한 것이다. 그와 관련해 다음과 같은 이야기들이 전해 내려오고 있다.

　　가톨릭 박해 당시 로마 고문관들이 에우랄리아를 발가벗기고 광장으로 몰아냈다. 하지만, 따뜻한 봄날임에도 불구하고 눈이 내려 그녀의 몸을 덮어주었다. 이에 고문관들은 채찍으로 때리고 꼬챙이로 살을 찌르고 인두로 살을 지지며 끓는 기름을 몸에 붓고 가슴을 잘라냈다. 그리고 안쪽에 못을 박은 큰 통 안에 에우랄리아를 넣고 언덕에서 굴렸다. 그러나 상처 하나 없이 통에서 나오자 고문관들은 그녀를 십자가에 못 박고, 참수하여 죽였는데 잘린 머리에서 비둘기가 나와 날아갔다.

오후 5시 50분쯤 성당을 나왔다. 성당 입구에 많은 사람들이 길게 줄을 서 있었다. 오후 5시 무료입장은 잘못된 정보였다. 오후 6시부터 무료입장 이었던 것이다.

대성당 정면

지하 재단과 산타 에우랄리아의 관

바르셀로나 대성당 내부

왕의 광장과 왕의 계단

TIPS!!

왕의 광장은 이사벨 여왕의 후원으로 1492년 세비야에서 항해를 시작했던 콜럼버스가 첫 항해를 마치고 신대륙을 발견한 것을 보고하기 위해 온 곳으로, 아라곤 왕궁에 머물고 있던 이사벨 여왕과 페르난도 2세 아라곤 왕을 알현한 장소이다.

왕의 계단으로 가다 보면 오래된 이 건물 내부에 잘 가꾸어진 파티오가 있는 아라곤 왕국 문서보관소가 나온다. 콜럼버스와 스페인 왕실이 합의한 각서가 저장되어 있다고 해서 역사적으로 상당히 중요하다. 1492년에 스페인을 통일한 아라곤 왕국 페르난도 2세와 카스티야 왕국 이사벨 여왕은 지구를 반대로 돌아 인도 항로를 개척하겠다는 콜럼버스의 제안을 받아들이고 후원하면서 다음과 같은 계약을 하였다.

콜럼버스가 발견하는 땅은 본인 그리고 그 후손 대대로 총독에 임명하고, 그곳에서 생산되는 모든 재화와 금, 은, 보석 등의 10분의 1은 콜럼버스의 소유로 한다.

다시 말해, 콜럼버스가 발견하는 땅은 스페인 왕의 것이고 생산 또는 거래되는 재화의 10분의 9도 스페인 왕의 것이 된다. 그 당시 가톨릭 국가였던 스페인 입장에서는 가톨릭 확산에 기여할 수 있으므로 왕실에서도 손해 보는 계약은 아니었을 것이다. 그래서 후원에 나섰을 것이다.

콜럼버스는 이렇게 지원을 받고 범선 산타마리아호(Santa maria)에 올라 온갖 고생 끝에 인도가 아닌 신대륙을 발견하였다. 그리고 뜻대로 잘 되지 않을 때면 인디언들에게 가혹하고 잔인한 행위를 하였다.

결국 이것이 문제가 되어 왕실에서 콜럼버스의 직위를 해제하였을 뿐만 아니라 약속했던 재산도 주지 않았다. 이에 콜럼버스와 후손들은 왕실에 소송을 하게 된다. 이런 이유에서 콜럼버스는 스페인에 완전히 등을 돌렸다. 그래서 콜럼버스 사후에 유해는 처음 신대륙 발견지인 도미니카 공화국 등 남미를 떠돌다가 훗날 세비야 대성당에 안치되지만 죽어서도 스페인 땅을 밟지 않겠다는 그의 유언에 따라 4개 왕국의 국왕이 그의 관을 떠받든 채로 땅에 내려오지 못하게 되었다고 한다. 어쨌든 그 역사적인 조약이 1492년 4월 17일 스페인 국토회복운동의 마지막 전투를 치른 그라나다에서 체결되었다. 그 조약집은 이 문서고에 저장되어 있으며 현재 유네스코 세계문화유산으로 지정되어 있다.

문서보관소의 문을 벗어나면 곧바로 왕의 광장이 나온다. 이곳은 아라곤 왕국의 왕궁이다. 사진으로 많이 봤던 삼각형 계단이 분명히 자리하고 있었다. 이곳이 명소임을 알려주듯 한국 관광객들도 보였다. 콜럼버스가 신대륙을 발견하고 돌아왔을 때 이 계단에서 이사벨

왕국 문서보관소

XURRERIA

추로스 가게 간판

왕의 계단　　추로스

여왕을 알현했다는 역사적 사실 때문에 더욱 유명해진 장소다. 세월의 흔적을 말해주듯 건물의 돌들이 칙칙하니 어둡고 많이 상해 있었지만 반듯하게 제작된 돌을 보면, 왕처럼 절대 권력을 가진 인물이었기에 이런 건물을 지을 수 있었을 것이다.

추레리아의 추로스

 출출해진 배를 달래기 위해 그 유명하다는 추로스 가게 추레리아 (Xurreria)를 찾기로 했다. 구글맵을 켜고 왕의 계단을 벗어나 다시 카테드랄 앞 광장을 지나가면 상가가 즐비한 골목길에 들어서는데 그곳에서 5분 정도 걸어가면 추레리아가 나온다.

 추레리아의 추로스는 즉석으로 만들어 주는데 한국에서 흔히 보던 것과는 크기가 전혀 다르다. 예린이가 몇 번이고 먹고 싶다며 사달라고 했던 것이었다. 다행히 결과는 만족스러웠다. 지금까지 먹던 추로스와는 비교할 수 없는 맛이라고 했다. 성수기 때는 손님이 많아 줄을 길게 늘어선다고 하는데, 우리는 줄을 서지 않고 곧바로 살 수 있었다. 걷는 여행을 힘들어하던 린과 예린은 추로스를 먹은 것 하나로 힘이 솟나 보다.

 골목은 이미 어두워져 있었다. 숙소에 들어가는 길에 야경 조망이 좋다는 아레나 데 바르셀로나(Arenas de Barcelona) 전망대에 올라갈 계획을 하고 있었다. 그러나 막상 스페인 광장역에 도착했을 때는 시차에 적응이 덜 되어 그런지 린과 예린이 많이 지쳐있었다. 또한 내일 아침 7시에 출발하는 비행기를 타려면 새벽 4시에는 일어나 준비해야 했다. 그래서 숙소에 일찍 들어가는 것으로 일정을 마무리하였다.

PART 05

세비야

- 여행 4일 차 -

이슬비 내리는 새벽길

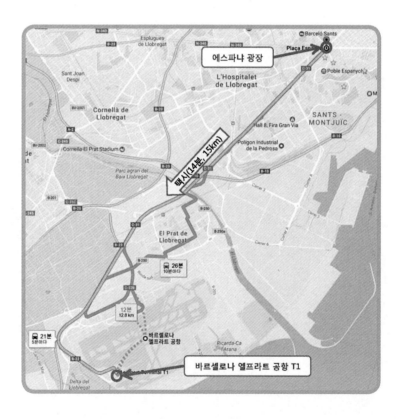

일찍 자고 일어나야 하는 우리 가족에게 적응되지 않은 시차는 유리하게 작용하고 있다. 전날 9시도 되지 않은 시간에 잠들더니 모두 새벽 4시에 일어났다. 40분 만에 아침식사(햇반, 어묵국, 볶음김치, 3분 짜장, 멸치 등)와 짐정리를 끝내고 숙소를 나섰다. 내리는 이슬비 때문에 우산을 쓰고 스페인 광장의 A1 공항버스 정류장으로 걸었다. 버스시간은 5시 13분인데 불안한 마음에 택시를 타기로 생각을 바꾸었다. 요금을 따져보면 10유로 정도 비용이 더 들겠지만 짐이 많으므로 아무래도 택시를 이용하는 편이 좋을 것 같았다. 택시기사는 바르셀로나 엘프라트 공항 터미널1에서 브엘링 항공의 카운터가 있는 정확한 위치에 내려주었다. 3개월 전 브엘링 항공티켓을 예약했기 때문에 대략 25만 원(1인 약 5만 원, 수화물 비용 별도) 정도의 저렴한 항공요금만 내면 됐다. 브엘링 항공 카운터에서 수화물을 보내고 티켓을 받으니 마음이 한결 편해진다.

아직 해가 뜨지 않은 시간이라 공항에는 사람들이 별로 없다. 탑승구 앞에서 1시간을 기다리다가 티켓 검사를 하고 난 후 셔틀버스를 타고 비행기가 있는 곳으로 이동하였다. 탑승계단차를 이용하여 비행기에 탔다. 좌석이 많이 비어 있어 편하게 갈 수 있을 것 같다는 생각을 하게 된다. 잠시 후 덩치 큰 스페인 아저씨들이 계속해서 들어온다. 모두가 어수선하게 수다를 떠는 것으로 봐서 같은 그룹임이 틀림없다. 내 옆자리에 앉은 스페인 아가씨와 아저씨에게 물어보았다.

"너희들은 운동선수 같은데 맞니?"

그들은 스페인 사람 특유의 웃는 얼굴과 상냥한 말씨로 열심히 설명을 해준다.

"그래 맞아. 우리는 세비야 럭비선수들인데 바르셀로나에서 경기를 하고 세비야로 돌아가는 중이야. 럭비는 스페인에서 인기 있는 스포츠야."

"스페인 사람들은 축구광이라고 알고 있는데 럭비도 좋아하는 모양이구나?"

"당연하지. 축구보다 럭비가 더 인기 있는 스포츠란다. 게다가 우리 세비야팀은 멋진 팀으로 유명해."

듣고 보니 덩치 큰 사람들은 연령대도 다양했고 제각각 스타일은 달랐지만 탄탄한 운동선수로 보였다.

럭비 선수들(세비야 공항 대합실)
인수한 렌터카

세비야 공항

잠깐 눈을 감았다고 생각했는데, 곧 세비야 공항에 도착한다는 기내 방송이 나왔고 비행기 고도가 낮아지는 것을 느낄 수 있었다. 바르셀로나에서는 도보 여행을 하는 데 불편함이 따를 정도로 날씨가 좋지 않았으나 세비야의 하늘은 구름 한 점 없이 맑게 보인다. 1월인데도 푸른색의 들판이 보이고 멀리 지평선까지 보이는 평야 지대인 것 같다.

아침 8시 50분쯤 비행기가 활주로에 가볍게 안착하자 조용했던 기내는 다시 스페인어 특유의 수다 떠는 소리가 커졌다. 세비야 공항은 생각보다 작았다. 국내선이기 때문인지 짐을 찾는 데도 그리 오래 걸리지 않았다. 인터넷으로 몇 번이고 확인해 두었던 식스트(Sixt) 렌터카 사무실도 쉽게 찾았다. 여직원 한 명이 창구를 지키고 있어 준비해 간 예약확인서를 보여주었다. 그 여직원은 예약확인서 내용을 확인해 보더니 이렇게 말을 한다.

"100유로 정도의 비용을 더 지불하면 차를 업그레이드해줄게. 그러면 좋은 새 차로 빌려줄 수 있어. 내 말대로 할래?"

내가 예약한 차는 폭스바겐의 파사트(Passat) 급이라 굳이 업그레이드가 필요 없다고 생각되어 곧바로 대답했다.

"싫어! 그냥 예약한 대로 빌려줘."

그러나 그녀는 계속해서 업그레이드를 요구한다. 나는 약간의 짜증을 섞으며 단호하게 필요 없다고 했다. 그제야 그녀는 수긍했다.

"알겠어."

그러더니 열심히 컴퓨터 자판을 두드린다. 잠시 후 무언가를 설명하고자 얼굴을 들어 말을 건넨다.

"렌털카스닷컴에서 보험을 예약했는데 우리 회사로 보험을 바꿔볼래? 그러면 차량의 잔기스, 바퀴, 유리창 등 모든 부분에 대하여 보험이 모두 포함되는데… 내 제안이 어때? 바꿀 거지?"

이미 풀커버리지 보험에 가입했으니 바꾸지 않겠다고 했다.

"싫어!"

그러나 그 여직원은 이번에도 집요하게 바꾸는 것이 좋다고 한다. 그래서 두 보험의 비용을 비교해서 보여 달라고 하였더니 식스트 렌터카의 보험료가 약 10만 원 정도 더 비싸다고 한다. 어디선가 들어본 기억에 의하면 보험은 현지 렌터카 회사에서 하는 것이 서비스 면에서 더 유리하다고 한다. 이 점을 고려하면 추가 비용이 들더라도 보험은 식스트에서 하는 편이 좋을 듯하여 바꿔보기로 했다.

"그래 좋아. 그럼 렌털카스닷컴의 보험은 어떻게 해약하지?"

"그건 걱정 마. 내가 다 알아서 해결해줄게."

그녀의 말이 의심스러워 렌털카스닷컴 회사와 전화 연결을 해달라고 요청을 했고 내가 직접 통화를 했다. 렌털카스닷컴로부터 보험을 해약해주겠다는 말을 듣고 난 이후에, 식스트에서 보험 계약을 하는 것으로 확정했다. 마침내 계약서에 사인을 했다. 그녀는 나에게 웃으며 감사하다는 말과 함께 무상으로 한 단계 업그레이드된 차를 주겠다고 한다. 그리고 계약서를 건네받았다. 아내와 아이들에게 갔더니 렌트하는 데 1시간 가까이 걸렸다며 뭔가 일이 잘못되었을까 봐 걱정하고 있었다고 한다. 자초지종을 이야기한 후 주차장에 가서 차 키를 받고 차량을 인수했다. 모델명 BMW 216d의 차 키를 건네준 주차장 직원의 설명에 의하면 이 차는 디젤 차량으로 연비가 좋고 몇 백㎞밖에 운행하지 않은 따끈따끈한 새 차라며 엄지손가락을 치켜세운다. 먼저 차에 흠집 같은 것이 있는지 면밀히 살펴보고 사진을 찍어 두려고 했는데, 정말 완전 새 차였다. 더구나 해치백 차량으로 짐을 많이 실을 수 있어 더욱 좋았다. 그동안 힘들었던 뚜벅이 여행을 마감하고 우리의 든든한 발이 되어 편안함을 제공해줄 BMW 렌터카다. 이 렌터카는 우리의 많은 시간과 교통비용을 절약해줄 것이다.

고대 로마 도시
이탈리카

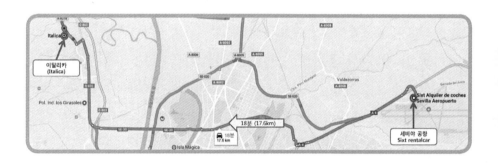

    내비게이션은 구글 맵과 시직(Sygic) 2가지를 동시에 사용하였다. 구글 맵은 데이터 유심을 구입해야만 사용이 가능하다. 여행을 준비하면서 구글 맵에 여행 목적지들을 미리 표시해 두었다. 또 다른 내비게이션인 시직은 지난번 유럽여행을 할 때 평생사용권(Lifetime)으로 구매하였기 때문에 스페인과 포르투갈 맵을 다운받기만 하면 되었다. 주요 목적지를 즐겨찾기 해두었다.

    우리는 곧바로 세비야에 가지 않고 근교에 있는 이탈리카를 먼저 방문하기로 했다. 로마시대 유적이 그대로 보존되어 많은 학생의 견학장소가 되고 있다는 EBS 프로그램을 본 적이 있었기 때문이다.

세비야 공항에서 이탈리카는 15분 정도면 갈 수 있다. 근처에 다다를 무렵 내비게이션이 엉뚱한 지점을 안내한 탓에 포장되지 않은 농로를 몇 번이고 들어갔다 나왔다 하면서 길을 헤매게 되었다. 결국 시직 내비게이션 안내를 보지 않고 구글 맵에 있는 이탈리카 입구의 위치를 확인하고 찾아가는 방법을 택하기로 했다. 그제야 더 이상 혼란 없이 이탈리카 입구에 도착할 수 있었다. 깨끗했던 렌터카는 비포장 농로를 지나온 탓에 흙먼지로 뒤덮였다.

이탈리카에 오기까지 이래저래 시간을 많이 소비했다. 이탈리카 입구에 도착하니 오전 11시가 가까워졌다. 계획보다 1시간이나 지체된 것이다. 시간이 부족하므로 1시간 이내에 이탈리카 유적을 둘러보기로 했다(입장료: 어른 1.5유로, 어린이 무료).

매표소를 통과하면 정면에 비너스 조각상이 보인다. 어찌하여 이곳에 비너스 조각상이 있을까 궁금했는데 이탈리카를 발굴하면서 얻은 로마시대 유물이라고 한다. 머리와 팔이 많이 파손되었지만 남아 있는 조각 상태만 보아도 대단히 아름다웠을 것 같은 생각이 든다.

왼쪽에는 투라야누스 황제의 두상도 있다. 시오노 나나미가 쓴 『로마인 이야기』는 5현제 시대를 책 한 권의 분량으로 비중 있게 다루고 있는데 이 시대를 팍스 로마나, 즉 로마에 의한 평화시대라고 일컫는다. 이 도시에서 5현제 중 2명의 황제를 배출하였다. 현대를 살고 있는 우리는 가끔 '팍스 아메리카나'라는 말을 사용하곤 한다. 이것은

05 | 트라야누스 황제의 두상. 트라야누스는 로마 역사상 가장 넓게 영토를 확장했다.
06 | 비너스 조각상. 2세기에 조각된 것으로 진본은 세비야 고고학 박물관에 소장되어 있다고 함.
07 | 관람석에서 본 원형경기장
08 | 포장 도로 안내표지
09 | 욕조
10 | 새 모자이크
11 | 트라야누스 황제의 조각상

팍스 로마나에서 유래된 것으로 미국에 의한 평화 시대를 일컫는 말이 된 것이다.

우리는 곧바로 원형경기장으로 향했다. 허물어진 바위와 돌들은 2천 년의 세월을 말해 준다. 완전히 복원하지 않고, 있는 그대로 관리하고 있기에 고대 유적으로서 느낌을 더욱 강하게 받을 수 있는 듯하다. 모든 원형경기장이 그렇듯 중앙 지하에는 맹수나 검투사가 지나다녔던 통로가 있다. 경기장을 둘러싼 관람석은 오랜 세월의 흔적이 고스란히 남아 있다. 우리는 가장 높은 위치의 관중석에서 경기장을 보고 싶어 경기장을 빠져나와 바깥에 있는 둘레길을 이용하여 관람석 상층부로 올라가 보았다. 최대 2만 5천 명을 수용할 수 있는 이 경기장을 보고 있자니 현대 경기장의 모습이 오버랩되면서 로마시대에 실제로 경기가 열렸을 경기장의 모습이 저절로 연상된다.

원형경기장을 빠져나와 이탈리카 시가지 유적으로 걸어가다 보면 로마시대에 만든 포장도로가 나온다. 도로를 판석으로 깔았기 때문에 도로가 온전히 남아 있는 것 같다. 모든 길은 로마로 통한다는 말처럼 로마는 제국 구석까지 도로를 건설한 것으로 유명하다.

도로를 건설하고자 하는 땅은 적어도 2미터 깊이로 흙을 파내고, 가장 아래에 큰 바윗돌이나 자연석을 까는데 이것을 스타투맨이라고 부른다. 그 위에 루두스라고 해서 작은 돌과 모르타르를 섞어 70㎝ 두께로 깔고는 다시 작은 사금파리 조각 등 혼합물을 10㎝ 두께로 까는데 이것은 누클레우스라고 한다. 그 위에는 사암이나 판석 등 단단하고 넓은 돌을 서로 견고하게 맞물리게 깔면서 응회암과 석회로 콘크리트를 하는데 이것을 파비멘툼이라고 부른다. 마차가 달릴 수 있게 하기 위함이다. 이러한 포장도로는 보통 4m의 폭을 가지며 그 바깥으로 배수로를 만든다. 그 바깥에는 좌우 1~2m씩 인도를 만든다. 로마의 도로는 언덕 구릉지대에 일직선으로 만들고 가운데를 둥글게 해서 배수가 잘 되도록 하였다. 도로변에는 가로수를 심지 않는데 나무뿌리가 도로를 파괴하는 것을 예방하기 위해서라고 한다. 이 로마의 도로는 2천 년 전에 영국에서 유럽 대륙을 거쳐 아프리카와 터키, 멀리 팔레스타인과 요르단까지 뻗어 나갔다.

이러한 로마 도로의 일부분인 길을 따라 이탈리카 시가지가 있던 곳까지 걸었다.

시가지 언덕에는 큰 석상 하나가 외로이 서 있다. 그것은 트라야누스 황제의 젊은 시절 모습의 나체 동상이다. 로마에서 남자의 알몸 동상을 발견한다면 신(神)이라고 보면 된다. 그러므로 창피하다는 생각보다 예술 조각품 혹은 영광스러운 기념물이라고 할 수 있다. 수학여행을 온 학생들도 있었는데 선생님의 설명을 열심히 들으며 이탈리카 현장학습을 우리와 함께하였다.

목욕탕 유적으로 보이는 장소에는 아직 기둥이 남아 있었고, 욕조와 같은 곳은 보존이 잘된 편이었다. 주택의 내부에 해당하는 바닥은 모자이크로 장식하여 오래 보존될 수 있게 하였는데 주로 새를 그려 놓은 모자이크가 많았다. 린과 예린에게는 지루할 수 있는 역사 공부일 수도 있지만, 깨끗하게 보존되고 있는 유적지를 공원 삼아 산책하듯 여유로운 시간을 가졌다.

호텔 세르반테스

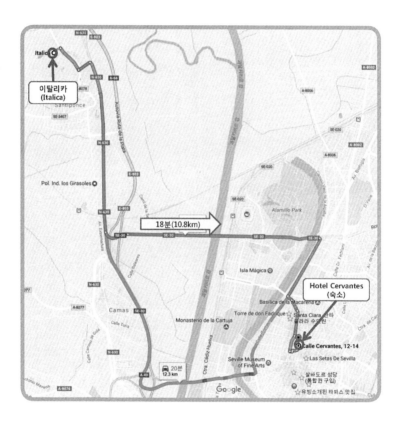

이탈리카를 떠난 시간은 12시가 될 무렵이었다. 1시간 정도 일정이
지체된 탓에 고민이 생겼다. 당초 스페인 광장으로 갔다가 숙소에 들

어갈 생각을 하였지만 시간이 늦어진 탓에 숙소에 가서 체크인을 먼저 해야 할 것 같았다. 세비야 근교의 청명하고 맑은 하늘을 눈으로 보고 가슴으로 받아들이며 도심으로 들어갔다.

세비야 도심은 일방통행이 많고 길도 매우 좁아서 한 번 길을 잘못 들면 고생이 이만저만 아니라는 이야기를 들었다. 같은 상황을 우리도 똑같이 겪었다. 알라메다 공원까지는 비교적 넓고 편안한 운전을 할 수 있었다. 그러나 호텔 세르반테스(HOTEL CERVANTES)에 다다랐을 때 골목을 잘못 들어서게 되었는데, 그때부터 길 찾기가 어려워졌다. 제자리에 되돌아오려면 멀리 돌아서 알라메다 공원을 다시 통과해야만 돌아올 수 있었다. 골목길을 천천히 조심스럽게 운전한 결과, 더 이상 숙소를 비껴가지는 않았다. 정말 정신을 똑바로 차리고 운전한 결과다.

그런데 호텔 간판이 보이지 않아 숙소를 찾는 일은 쉽지 않았다. 스페인의 상가나 호텔의 특징 중 하나는 광고판이 돌출되어 있지 않다는 것이다. 그래서 찾고자 하는 장소에 코앞까지 가야만 원하는 목적지를 찾을 수 있는 것이다. 겉모습은 일반 건물인데 실내에 들어가면 화려한 장식과 파티오를 갖추고 있는 괜찮은 호텔이다.

그러나 체크인을 하고 배정된 3층 객실에 들어갔을 때 괜찮다고 생각했던 기대가 완전히 깨져버렸다. 객실이 너무 작았기 때문이다. 지난해 여행지였던 파리 숙소보다는 큰 편이지만 그래도 너무 작은 편이다. 바르셀로나의 숙소는 정말 넓고 좋은 집이었음을 깨닫도록 해준다. 그나마 잘 정돈되고 깨끗하다는 점이 작은 공간에서 오는 불만을 조금이나마 해소해주었다.

호텔 세르반테스 파티오

　아내와 아이들은 객실에서 짐 정리를 하도록 하고, 나는 호텔직원과 함께 100m 정도 떨어진 곳에 위치한 주차장으로 향했다. 골목길이며 주차장은 모두 좁은 편이기 때문에 운전에 신경을 바짝 써야 한다. 운전이 미숙한 사람은 아무래도 많은 어려움을 겪을 것 같다는 생각을 한다.

　호텔에 돌아와 보니, 아내는 웬만큼 짐 정리를 끝내놓고 점심 식사를 어떻게 해결할지 고민하고 있었다. 시간을 아끼기 위하여 준비해온 식량을 소진하기로 했다. 여행 중 숙소에서 신속하게 식사를 준비하는 것은 나의 몫이다. 전기냄비를 꺼내 물을 끓여 햇반과 짜장을 뜨겁게 데우고 멸치, 김, 볶음김치를 꺼내면 식사준비가 끝난다.

　불과 10분 만에 식사를 마치고, 13시 30분이 지날 무렵 세비야 시내 관광을 떠날 수 있었다. 계획한 일정에 따라 큰 뱀의 길, 살바도르 성당, 대성당, 수손나의 집, 알카사르, 스페인 광장 순으로 이동하게 될 것이다.

　살바도르 성당으로 가다 보면 '큰 뱀의 길'을 지나게 된다. 큰 뱀의 길은 여행 준비 기간에 읽었던 책 때문에 알게 되었다. 명칭의 유래와 의미를 이해하고 걷는 것은 여행의 흥미를 더해 준다. 그렇다고 해서 뭔가 특별한 것이 있지는 않다. 세비야 중심가에 있는 큰 뱀의 길을 걸으며 인상 깊게 기억하게 되는 것은 길거리에 쇼핑하기 위해 많은 사람이 나와 있다는 것, 아담한 작은 상점들이 빼곡히 늘어서 있으며, 화려하면서 활기 넘치는 분위기라는 것이다.

큰 뱀의 길

　세비야 중심가의 상점들이 몰려 있는 큰 뱀의 길은 예전에는 '칼 장인의 길(Calle Espaderos)'로 불렸다. 스페인어로 에스파데로스(Espaderos)는 '칼을 만드는 장인들'이라는 뜻이다. 당시에 그 길에는 칼 장인의 조합과 그들을 위한 병원이 있었기 때문에 자연스레 칼 장인의 길이라는 이름으로 불렸는데, 훗날 큰 뱀의 길이라고 불리게 된 계기인 다음과 같은 전설이 있다.

　15세기 후반 세비야에서는 아이들이 하나둘씩 사라지는 사건이 발생했다. 아이를 잃어버린 부모는 미친 듯이 아이를 찾아다녔다. 그리고 아이를 가진 부모들은 아이를 두고 밖으로 나갈 수가 없었다. 이 때문에 세비야 사회가 제대로 돌아가지 않았고 갈수록 도시 전체가 공포에 휩싸이게 되었다. 세비야 총독은 경비병들에게 명령하여 밤낮으로 순찰을 강화하고 사건을 해결하려고 노력하였으나 범인의 흔적은 찾을 수 없었다.

　칼 장인의 길 끝에는 감옥이 있는데, 어느 날 한 죄수가 교도소장에게 누가 아이들을 유괴했는지 알고 있다고 했다. 교도소장은 총독에게 이 사실을 알렸다. 총독은 죄수가 원하는 모든 것을 들어주기로 약속하였는데 억울하게 감옥에 갇혔다고 생각하는 죄수는 죄를 사면받는 조건으로 범인을 찾아주기로 했다. 죄수는 범인에 대해 설명을 시작했다.

"누명을 쓴 저는 너무 억울했기 때문에 탈옥을 하기로 마음먹고 하수도에 들어갔습니다. 하수도는 어둡고 습하며 음식 썩는 냄새가 났습니다. 등잔불에 의지해 한 걸음씩 자유를 향해 걸어가는데 갑자기 조금 전과는 다른 역한 냄새가 났습니다. 그것은 시체 썩은 냄새였습니다. 참을 수 없는 악취에 고개를 돌리는데 그때 유괴범이 저를 보자마자 달려들었습니다. 저는 침착하게 몸을 살짝 틀며 유괴범의 몸에 칼을 찔러 넣었습니다. 그가 달려오던 기세에 칼은 그의 몸속 깊숙이 박혔고, 곧 그는 숨을 거두었습니다. 만약 제가 그대로 도망갔더라면 유괴범의 존재는 미스터리로 남았을 것입니다. 아이를 잃은 부모들을 생각해서 저는 다시 감옥으로 돌아와 총독님께 면담을 신청한 것입니다."

총독이 그의 말을 확인한 결과 모든 것이 사실로 드러났다.

세비야 시내의 지하에는 로마 사람과 이슬람 사람들이 살 때 만들어 놓은 하수도가 복잡하게 연결되어 있었다. 하수도 속에서 살던 뱀은 비정상적으로 커졌고 하수도를 지나다니다 배가 고프면 하수도를 통해 밖으로 잠깐 나와서 아이들을 잡아먹고는 다시 하수도로 도망을 친 것이다. 총독은 뱀을 하수도에서 꺼내 뱀이 있던 하수도 위의 칼 장인의 길에 전시했다. 이후 사람들은 이 길을 '큰 뱀의 길'이라고 부르기 시작했다.

골목길 크기의 큰 뱀의 길을 지나 조금만 걸어가면 가로수로 오렌지 나무가 심어져 있는 살바도르 광장이 나온다. 그 앞에 있는 건물이 살바도르 성당이다. 햇볕이 너무 좋기 때문인지 성당의 분홍빛 색채는 산뜻하면서도 우아하고 아늑하게 보인다. 햇빛에 비친 성당은 마치 동화 속에 나오는 한 폭의 그림과 같다. 살바도르 성당은 세비야 대성당과는 달리 여행 성수기가 아니라면 관람객들이 그리 많지 않다고 한다. 만일 세비야 대성당에서 입장권을 구입하려면 매표소 앞에서 줄을 서서 기다려야 하는데 대기하는 시간이 보통 30분 정도 걸리고 1시간 이상 소요될 때도 있다고 한다. 그러나 살바도르 성당에서 통합권을 구입하면 대성당과 살바도르 성당에 모두 입장이 가능하므로 대기하는 데 시간을 낭비하지 않는 이점이 있다.

TIPS!! 살바도르 성당

살바도르 성당 주변은 맨 처음 페니키아인인 멜카르트가 염장 공장과 시장을 세웠던 곳이었고, 로마 시대 때에는 포로 로마노가 있던 곳이다. 옛날부터 살바도르 성당 근처는 중요한 곳이었으므로 이미 길이 잘 닦여 있었다. 서고트 왕국 사람들 역시 이곳을 왕궁으로 사용했을 가능성이 높다. 이슬람 제국이 세비야에 들어왔을 때 이븐 아다바스는 살바도르 성당이 있는 위치에 세비야에서 제일 큰 알하마 이슬람 사원을 건설하기도 했다.

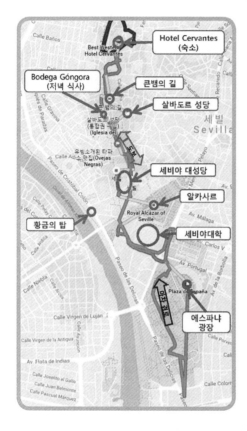

성당 내부에는 사람들이 많지 않았다. 대성당에 비해서 작은 규모의 성당이지만 내부의 화려하고 디테일한 장식을 보면 얼마나 많은 노력과 정성을 쏟았을지 생각해 보지 않을 수 없다. 예수상을 둘러싸고 있는 중앙 제단뿐만 아니라, 측면에 있는 제단들도 온통 금으로 장식으로 되어 있다. 모든 장식은 화려하고 의미가 더해진 섬세한 조각품으로 감탄할 수밖에 없다.

그런데 신앙심이 부족한 내게는 내부가 왠지 익숙해 보였다. 인간을 화려하게 장식하고 포장했던 곳이 내 기억 속에서 꿈틀거리더니 어느 순간 이 성당 내부와 유사한 장소가 마치 데자뷔처럼 연상되었다. 그것은 우리나라의 토속신앙에서 무당이 신을 모시는 장소이다. 즉, 절이나 무당집과 같은 느낌이 강하게 들었다. 물론 그 화려함이나 규모는 비교할 엄두가 나지는 않지만 솔직한 표현을 더하자면 약간 으스스한 느낌과 싸늘한 분위기를 가지고 있다는 공통점이 느껴진

천정 구멍 뚫린 돔

십자가를 메고 있는 예수(중앙 제단)　　　　시민들로 넘쳐나는 살바도르 성당 앞 광장(타파스를 즐기는 모습)

다. 특히 머리 부분만 있는 조각상들이 정말 많은데 이 조각들을 보면 기분이 썩 좋지 않게 된다. 성당 내부를 가이드 해주는 오디오 가이드나 안내 팸플릿이 없어 조각이나 장식의 형태로 의미를 유추하고 감상할 수밖에 없었다.

　살바도르 성당 관람을 마치고 밖으로 나왔을 때 광장에는 엄청난 인파들로 가득 차 있었다. 성당에 들어갈 때까지만 해도 사람들은 많지 않았었는데 이게 웬일일까? 단순히 생각해 볼 수 있는 것은 오늘이 토요일 오후라는 것, 그 외는 딱히 다른 이유가 떠오르지 않았다. 대부분의 사람들은 맥주 또는 음료수를 마시며 뭔가 즐거운 대화를 나누고 있었다. 특별히 어디에서 공연을 하는 것도 아닌데 질서 없이 뒤섞여 서있는 세비야 사람들은 특유의 쾌활한 말투로 정신없이 서로 수다를 떨고 있었다. 더욱 인상적인 것은 표정에서 배어 나오는 즐거운 분위기다. 이런 모습이 살바도르 성당에만 있는지 궁금했다. 세비야 대성당에서 본 사람들 대부분은 관광객들이었기 때문이다. 광장과 점점 멀어지고 나서야 그들이 떠드는 소리도 멀어졌다.

세비야 대성당과 히랄다 탑

세비야 대성당 앞은 입장권을 구입하려는 많은 사람이 줄을 서있다. 우리는 살바도르 성당에서 구입한 입장권으로 곧바로 입장이 가능했다. 입구에

세비야 거리 / 히랄다 탑과 세비야 대성당

있는 직원은 검표할 때 티켓을 살짝 찢는다. 찢은 자국이 검표했다는 표시인 것 같다. 살바도르 성당과는 비교할 수 없는 크기와 규모를 자랑하는 세비야 대성당은 내부 장식에 있어서도 상상을 초월한다. 세밀한 디자인의 관점에서 본다면 살바도르 성당도 만만치 않다고 할 수 있겠지만 대성당은 워낙 규모 자체가 크기 때문에 보는 이

TIPS!! 세비야 대성당

기독교인들의 국토회복운동(레콘키스타)으로 무어인들을 몰아낸 후에 무어인들이 지어 놓은 알모하드 모스크(이슬람 사원)를 없애고 그들의 부와 힘을 과시하기 위해 지은 것이 세비야 대성당이다. 이 성당은 유럽에 있는 성당 중 세 번째로 큰 성당으로 가장 큰 규모의 성당은 바티칸의 산 피에트로 대성당이고 두 번째는 런던의 세인트 폴 대성당이다. 현재까지 남아 있는 모스크의 흔적은 연못과 히랄다 종탑이 딸린 현관의 안뜰(Patio de los Naranjos)뿐이다.

의 눈이 저절로 커질 수밖에 없다.

세비야 대성당 안으로 들어서면 금으로 장식된 화려한 내부를 보고 놀라지 않을 수 없다. 이 거대한 성당을 제자리에서 빙 둘러보면 먼저 걱정이 앞서게 된다. 세비야 대성당에 대한 공부를 한다고는 했지만 막상 안으로 들어서니 어디서부터 어떻게 관람해야 할지 난감해졌다.

이때 한국인 패키지 관광객들이 가이드의 설명을 들으며 몰려다니고 있었다. 우리는 가이드의 설명을 들으며 그들과 동행하는 방법을 택하게 되었다. 패키지 여행객들의 관람 시간은 짧고 굵다. 순식간에 대성당 관람을 마치고 다음 행선지로 떠나 버린 것이다. 이후 우리는 조금 더 머무르며 관심이 끌리거나 자세히 보고 싶은 작품들 앞에서 여유 있는 관람시간을 가졌다.

세비야 대성당의 거대한 내부는 높은 천장부터 찬란한 금빛으로 빛이 난다. 거대한 내부의 중앙과 네 개의 복도는 화려한 금으로 꾸며져 있지만 전체적으로 단순한 듯 정갈한 분위기를 자아내기도 한다. 내부 한가운데에는 박스 형태로 된 성가대 좌석이 있다. 이곳은 중앙 제대로 연결되고 양쪽에는 커다란 복도와 신자들을 위한 장의자가 놓여 있다. 중앙 제대는 거대하고 화려함과 정교함에 있어 미의 극치를 자랑한다. 이 거대하고 멋진 제대 작품은 플레밍 피터 댄카트가 평생 동안 독자적으로 심혈을 기울여서 만들었다고 한다. 이것은 예수님의 탄생, 수난, 죽음 등 일련의 성경 기록을 표현하고 있다. 나무에 조각된 작품은 엄청난 양의 금(20톤)으로 도금을 해서 만들었는데, 그 화려한 규모나 들어간 제작비로 봤을 때 세계에서 최고로 꼽힌다. 1528년에 지어진 주요 성물실에는 은으로 만들어진 성인들의 많은 유물과 스페인이 자랑하는 고야, 무리요와 주르바란의 작품들이 소장되어 있다. 그리고 세비야 시내로 통하는 열쇠도 소장되어 있다. 이는 그동안 이곳을 지배하던 무어인들과 유대인들이 새 지배자로 등장한 페르난도에게 항복하면서 건네준 것으로서

'알라신이여, 이 도시가 영원한 이슬람의 영토가 되게 해 주소서.'

라는 내용의 글이 아랍어로 새겨져 있다고 한다. 하지만 '영원한 권력은 없다'는 명제를 떠올리게 만든다. 성당의 북서쪽 코너에는 왕실 예배당이 있으며, 이곳은 페르난도 국왕의 무덤과 그의 아내인 비아트리체 여왕 그리고 그의 아들인 알폰소 국왕의 무덤이 있는 곳이다. 이곳에서 왼쪽으로 가면 성당의 종탑인 히랄다 탑이 위치해 있다. 대성당을 좀 더 재미있게 관람하려면 스페인의 역사와 왕들을 어느 정도 알고 있는 편이 좋다. 기독교 입장에서 본다면 국토회복운동의 시작부터 태양이 지지 않는 나라였던 대항해 시대까지

12 | 세르반테스 추기경의 묘. 베개의 수가 많을수록 지위가 높다고 한다. (베개 3개의 베개는 추기경)
13 | 세례자 요한
14 | 중앙 제대(주 제단) 36개의 조형물은 예수님의 일대기
15 | 성가대석
16 | 콜럼버스의 관과 클리스토폴 성인(벽화, 여행자의 수호 성인)

가 가장 화려했으므로 이 기간만이라도 스페인 역사를 안다면 스페인 중세문화를 여행하고 관람하는 일은 훨씬 재미있을 것이다. 그래서 우리 부부는 여행을 준비하면서 스페인 역사서 2권을 읽었다. 덕분에 스페인 왕에 관한 이야기 혹은 특정 시대의 유물이나 건축물을 봤을 때 이해하기가 쉬웠고 더욱 흥미로웠다.

세비야 대성당 내에 있는 콜럼버스의 관을 보면 유명한 콜럼버스의 유언을 떠올리게 된다.

"나는 죽어서도 스페인 땅을 밟지 않겠다."

콜럼버스의 유언대로 세비야 대성당 안에는 콜럼버스의 관이 땅에 닿지 않도록 들려져 있다.

콜럼버스의 관을 들고 있는 사람은 레온, 카스티야, 나바라, 아라곤의 왕들이다. 앞쪽 두 사람은 콜럼버스의 신대륙 탐험을 지지했던 레온과 카스티야 왕으로서 당당한 모습을 하고 있지만, 뒤에 있는 나바라, 아라곤 왕은 고개를 떨군 모습을 하고 있다.

레온, 카스티야 왕의 발에는 여행자들이 관심 가질 만한 속설이 있다. 여행자가 오른쪽 발을 만지면 사랑하는 사람과 다시 세비야에 온다고 하고, 왼쪽 발을 만지면 부자가 된다는 속설이다. 그래서 많은 사람이 만지고 지나가기 때문에 두 왕의 발은 닳고 닳아서 유난히 광채가 난다.

TIPS!! 히랄다 탑

세비야의 상징인 히랄다 탑은 원래 이슬람사원의 첨탑이었는데, 파괴하지 않고 그대로 사용하다가 16세기에 기독교인들이 플라테스코 양식의 종루를 설치했다. 28개의 종과 기독교 신앙을 상징하는 여인의 모습을 한 3.5m 높이의 풍향계가 설치되면서 종탑은 1568년에 완성되었다. 히랄다는 단어의 어원은 Giraldillo인데 풍향계라는 뜻이다.

내부 관람을 마치고 중앙 제대 장의자에서 잠시 쉬었다가 히랄다 탑에 올라가기로 했다. 아이들은 신체적으로 힘든 상황이 오더라도 액티비티가 있으면 금세 기운을 회복한다. 히랄다 정상에 린과 예린이 가장 빨리 올라갔다. 히랄다 탑을 오르는 길은 계단이 아닌 경사로로 만들어져 있다. 그 이유는 왕이 말을 타고 올라갈 수 있도록 하기 위함이었다.

　사각을 돌면서 완만한 경사로를 오르다 보면 벽면마다 밖을 볼 수 있는 창이 만들어져 있다. 이 창을 통해 햇볕이 들어와 내부를 밝혀 주고 대성당의 모습과 바깥 풍경을 내려다볼 수 있어 여행자들에게 보는 재미를 더해준다. 이슬람 건축 양식의 창문을 통해서 기독교 성당의 모습을 보는 것은 묘한 기분이 든다. 적대적 관계의 문화적 공존이라고 해야 할까? 높이 올라갈수록 대성당 입구와 오렌지 나무가 심어져 있는 성당 정원도 보인다. 성당의 많은 탑과 지붕도 보이기 시작한다.

　어느 순간 평원처럼 넓은 세비야 시내가 훤히 한눈에 들어온다. 이때 마지막 층을 알려주는 '34'라는 층 번호를 만나게 된다. 종탑에 오르는 마지막 길은 오래된 대리석 계단으로 만들어져 있다. 종탑에 오르면 크고 작은 종들이 먼저 눈에 들어온다. 종에는 종을 치기 위해

마지막 오르는 길은 계단　　　히랄다 탑의 종　　히랄다 탑에서 본 알카사르

연결된 체인과 기어바퀴, 모터, 배선 등등 여러 가지 장치들이 섞여 있다. 공학을 전공한 사람으로서 종을 치는 장치들이 복잡한 구조로 연결되어 있어 유심히 관찰하게 된다. 대부분은 옛날 모습 그대로 보존하고 있지만, 종을 울리는 방식만큼은 전기 모터로 바꾸었다. 이 점을 나 혼자만 알아차렸을지도 모른다.

어느 전망대를 가든지 전망대에 오르면 기분이 좋아진다. 올라갈 때는 힘들지라도 정상에 오르면 그 주변의 모든 곳을 내려다볼 수 있으므로 그 결과가 항상 만족스럽다. 종탑 주위의 난간에 기대면 세비야 시내를 멀리까지 볼 수 있다. 짙푸른 하늘과 맑은 공기. 세비야를 막힘없이 볼 수 있도록 높은 건물 없이 잔잔한 높이로 건축되어 멀리 있는 지평선까지 볼 수 있다. 바로 아래 성당의 지붕은 동화 속 이야기처럼 아랍 문화의 향기가 흐른다.

히랄다 탑에서 종은 15분마다 울리는데 종소리를 3번이나 들었다. 다른 관광객들에 비해 오랫동안 히랄다 탑에 있었던 모양이다. 대성당으로 내려가면 곧바로 오렌지 나무가 가득한 정원으로 갈 수 있다. 정원을 마지막으로 대성당을 빠져나와 다음 목적지인 스페인 광장을 향해 걷는다.

히랄다 탑에서 본 대성당

대성당 정원(안뜰)

대성당

스페인 광장

　스페인 광장으로 가는 길에는 세비야 거리와 일반 상가 혹은 문화유산 같은 건축물을 볼 수 있다. 중세 분위기의 시내를 굼벵이처럼 기어가는 트램, 관광마차, 시내버스, 택시, 도로변 상가를 보는 재미도 있다. 아이스크림 가게에서 젤라토를 사먹으며 스페인 광장을 향해 천천히 걸었다. 특별한 휴식시간 없이 관람이 이어진 탓인지 스페인 광장 가는 길이 멀게 느껴졌다.

　그러나 막상 스페인 광장에 도착했을 때 멋진 건축물과 분수의 반가움은 잠시였다. 실망스러운 상황이 먼저 눈에 들어왔다. 스페인 광장에 가면 인공운하에서 노 젓는 배를 탈 수 있으므로 꼭 태워준다고 린과 예린에게 약속했는데, 운하엔 물이 전혀 없었다. 아쉬움과 실망이 컸다. 하지만 어쩌겠는가? 아쉬움을 묻어 두고 광장을 둘러보았다. 그래도 분수가 있어 린과 예린의 흥미를 살리는 데는 성공했다.

TIPS!! ✈

1929년 라틴아메리카 박람회장으로 사용하기 위해 지은 건축물이다. 2000년대 초에 배우 김태희가 플라멩코 춤을 추는 CF 촬영을 하면서 우리나라 사람들에게 유명해졌다. 광장도 멋지지만 반원 형태로 광장을 둘러싼 고풍스러운 건축물은 더욱 아름답다.

스페인 광장 분수

스페인 광장

말라버린 운하

타일 지도

타일 벽화

세비야 전차

관광마차

황금의 탑

배를 탈 수 없었으므로 마차를 타기로 했다(50유로). 스페인 광장 주변을 둘러보고 세비야 대성당까지 데려다주는 코스다. 다리가 아프다며 방금 전까지 투덜거리던 린과 예린은 금세 환한 얼굴로 바뀌어 마차 타는 즐거움에 푹 빠져버린다. 마차를 타고서 세비야의 풍경을 감상하니 편안함이 더해져 여행의 피로까지 풀리는 듯하다. 마차가 건축물, 공원, 기념물 등을 통과할 때마다 마부는 스페인 억양의 서투른 영어로 열심히 설명해주는데, 솔직히 거의 알아들을 수 없었다. 마차는 쉬지 않고 이동하여 황금의 탑을 지나간다. 황금의 탑은 내일 아침 일찍 세비야를 떠나면서 잠깐 들를 생각을 하고 있다.

우리가 탄 마차는 스페인 광장 정원, 베케 기념비, 산 텔모 궁전, 황금의 탑, 알카사르 앞을 지나 대성당 근처에서 멈춰 섰다. 이때 시간이 오후 5시 50분. 그라나다에 가면 알함브라 궁전에 방문하도록 계획되어 있으므로 세비야 알카사르 관람은 일정에서 제외하였다.

보데가 공고라 레스토랑

오후 6시가 지나자 날이 어두워지기 시작한다. 저녁 식사를 위해 여러 레스토랑을 살펴보다가 마침내 선택한 곳은 보데가 공고라(Bodega Góngora)였다. 웨이터는 야외테이블로 안내를 해준다. 웨이터에게 메뉴를 추천받아 각자 다른 메뉴로 주문을 했고, 음료수와 맥주도 한 잔씩 추가하였다. 맥주 맛이 깨끗하고 시원했기 때문에 한잔 마시고 기분이 달아올라 2잔씩 더 마셨다. 물론 린과 예린도 주문했던 생선 스테이크가 맛있다며 잘 먹는다. 그러나 어느 정도 먹고 나더니 느끼해서 먹기 힘들다고 한다. 술기운이 돌기 시작하자 피로가 느껴져 자리에서 일어나야 할 것 같았다.

밤이 되자 세비야 중심가의 큰 뱀의 길에는 사람들이 많아졌다. 길거리 공연을 하는 거리 악사들이 여럿 있고, 한국인 관광객도 더러 보인다. 대부분 쇼핑을 위해 거리에 나오는 것 같다. 천천히 걷다가 미모의 거리 악사가 우쿨렐레를 연주하며 노래하는 길거리 공연을 한동안 구경하였다. 실력이 있어 보였고 외모도 매력적인 모습이었다. 린은 가지고 있던 동전을 바구니에 넣어주기까지 했다. 또 다른 길거리 공연 중에는 핑커벨 공연이 있었는데 예린이 호기심 가득

찬 눈으로 재밌게 보았다. 시차 적응이 덜 된 탓인지 겨우 7시인데 예린이 졸리다고 한다. 숙소에 들어가 잠깐 쉬었다가 메트로 폴 파라솔 야경을 구경하러 가기로 하였다. 그러나 숙소에 들어가 잠깐 누워 쉰다는 것이 모두 잠이 들어버렸다.

보데가 공고라

길거리 음악가

핑커벨 공연

PART 06

세테닐과
론다

- 여행 5일 차 -

메트로 폴 파라솔

TIPS!!

2011년 완공된 메트로 폴 파라솔(Las Setas De Sevilla)은 엔카르나시 온 광장에 설치된 목조 구조물로 세비야의 새로운 랜드마크가 되었다. 건설 당시 로마 유적이 발굴되어 유적지를 지 상에 그대로 두고 그 위에 세웠는데 독특하고 개성 강한 디자인으로 '거대한 팽이버섯'이라 는 별명을 얻었다. 옥상에 올라가면 세비야 시내를 한눈에 내려다볼 수 있다.

여행은 기본적으로 체력이 바탕이 되어야 한다. 시간에 쫓겨 살다 가 모처럼 휴가를 얻어 여행을 즐기는 자유여행은 더욱 그럴 것이다. 물론 휴양지에 쉬러 가는 휴가라면 얘기가 달라질 것이지만 말이다.

전날 밤 숙소에 들어왔을 때 곧바로 잠이 든 탓에 아침에는 일찍 일어났다. 오늘의 핵심 일정인 왕의 오솔길 입장이 10시 30분이므로 숙소에서 8시쯤에는 출발해야 한다. 호텔 조식이 8시부터 가능하다 고 하니 짐을 미리 꾸려서 출발할 준비를 마쳤다.

그래도 시간이 남아 어젯밤에 가지 못했던 메트로 폴 파라솔에 눈 도장이라도 찍기 위해 가보기로 했다. 숙소에서 대략 5분밖에 안 되 는 가까운 거리임에도 불구하고 전날 야경을 보지 못한 것이 많이 아 쉽다. 겨울에는 아침 7시 30분이 되어도 날이 밝지 않아 새벽 같은 느낌이다. 파라솔의 문은 닫혀 있어 전망대까지 올라갈 수 없었다. 대신 밤새 놀고 있는 젊은이들과 노숙자만 보게 된다. 파라솔 주변을 돌아보는 아침 산책은 단 20분으로 끝났다.

호텔 레스토랑에서 아침식사 후 직원의 안내를 받아 주차장에 가서 짐을 싣고 출발 준비를 마친 시간은 8시 30분이다. 예약된 왕의 오솔길 입장 시간보다 30분 늦게 도착할 것 같았다. 원래는 생각해둔 시내 명소도 보려고 했지만 입장 시간을 맞추기 위해 그냥 세비야를 떠나는 것으로 생각을 바꾸었다.

메트로 폴 파라솔

호텔 세르반테스 파티오

안달루시아 평원을 달리다

    도로 폭이 좁은 세비야 시내를 벗어날 때까지 정신을 바짝 차리고 내비게이션의 안내에 따라 운전해야 한다. 일방통행이 잦은 탓에 한 번 길이 어긋나게 되면 제자리를 찾아오는 데 많은 시간을 소비하게 되기 때문이다. 무사히 시내를 빠져나와 고속도로에 진입할 때 경찰이 음주단속을 하고 있었다. 내 차례가 되었을 때 경찰은 음주 여부를 확인하지 않고 그냥 가라고 수신호를 해주었다. 아마 동양인이 가족들과 함께 있어 음주 운전을 하지 않을 거라 생각했던 모양이다.

    고속도로를 주행하는 차량은 거의 없어 세비야 근교의 넓은 밀밭평원을 구경하면서 편안하게 운전할 수 있다. 지평선을 볼 수 있을 만큼 평야가 넓고 나란히 줄지어 서있는 풍력발전기도 볼 수 있다. 고속도로를 벗어나기 전까지 평원은 계속된다. 산악지형은 국도를 달리면서부터 시작된다. 왕의 오솔길에 오는 동안 도로는 한산했었지만, 근처에 다다르자 어디서 나타났는지 많은 차들이 앞뒤로 늘어서 있어 관광지임을 느낄 수 있었다. 주차장은 미리 즐겨찾기 해두어 쉽게 찾을 수 있었고, 그곳에는 이미 많은 차들이 주차되어 있었다(주차요금 1유로).

안달루시아 평원 밀밭과 풍력발전기 왕의 오솔길 주차장 옆 레스토랑

터널 입구

터널 내부 헬멧 착용 후 안전교육 장소로 이동

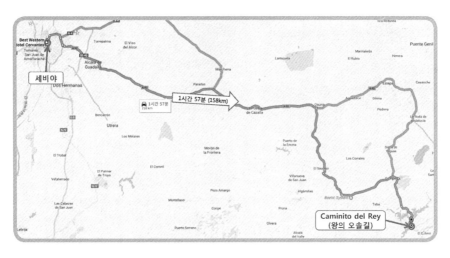

세비야

1시간 57분 (158km)

Caminito del Rey
(왕의 오솔길)

이번 여행을 계획하면서 가장 많은 관심을 갖고 심혈을 기울여 준비했던 지역이 이곳 왕의 오솔길이다. 론다 주변의 드라이브 코스를 조사하던 중 왕의 오솔길을 알게 되었는데, 상세한 조사를 마친 후 가족들의 동의를 거쳐 일정에 포함하게 되었다.

주차장에서 왕의 오솔길 입구까지는 걸어서 15분 정도 거리다. 도로변의 현지인들도 왕의 오솔길을 가기 위해 같이 걷는다. 주차장에서 200m쯤 걸어서 내려가면 동굴이 나타난다. 별다른 안전장치 없이 암반으로 되어 있는 이 동굴을 통과해야 왕의 오솔길로 갈 수 있다. 동굴은 상당히 길어 끝이 보이지 않았고 스마트폰의 랜턴 기능을 켜야만 앞을 볼 수 있다. 린과 예린은 작고 길었던 동굴이 무서웠다고 한다.

동굴 이후부터는 오솔길이다. 오솔길을 따라 1㎞ 정도를 걸어가면 왕의 오솔길 매표소가 나온다. 입장 예약 시간보다 15분 늦은 10시 45분에 도착했다. 매표소에는 많은 사람이 줄을 서있었다. 2달 전에 10시 30분 입장권을 온라인으로 미리 구매하여 준비했기 때문에 줄을 서지 않고 스태프에게 프린트한 입장권을 꺼내 보여주었다. 예약 시간을 지키지 못하고 늦게 도착했다고 스태프에게 말했다.

"문제없어! 헬멧을 나누어 줄 테니, 헬멧을 지급받은 사람들이 모여 있는 곳에 가 있어."

왕의 오솔길은 안전을 위해서 15분마다 일정 인원만 입장이 가능하다. 예약시간보다 늦게 되면 입장을 허용하지 않을 수도 있다는 생각이 들어 걱정했었는데 기우에 불과했다. 입장권만 있으면 시간을 맞추지 못해도 입장하는 데 문제가 없어 보인다. 린과 예린은 처음

써보는 안전 헬멧에 호기심이 가득하다. 모두 헬멧을 착용하고 대기하던 중, 스태프가 큰 소리로 말한다. 그리고 한 번 더 영어로도 말해준다.

"지금부터 안전교육을 할 건데 스페인어를 하는 사람은 이쪽 스태프에게 있고, 영어를 하는 사람은 저쪽에 있는 스태프에게 가라."

모든 사람이 스페인어 스태프에게 남았고, 영어 스태프에게 간 사람은 우리 가족뿐이다. 스태프는 우리 가족 4명을 위해서 영어로 친절하게 설명을 시작한다.

"왕의 오솔길에 온 것을 환영한다. 어디에서 왔니?"

"Seoul Korea!"

"올라~ 꼬레~ 외국인은 당신들뿐이야. (웃음) 그럼 지금부터 잘 들어야 해. 이 트레킹 길은 매우 위험한 길이야. 그러니까 안전사고가 일어나지 않도록 항상 조심해야만 해. 규칙에 벗어난 행동을 하면 안돼! 위험한 행동도 하면 안 돼! 질서를 잘 지켜야 해! 일정 속도를 유지해서 다음 차례에 출발한 사람들에게 추월당하지 않도록 해! 헬멧은 절대 벗으면 안 된다는 것! 알지? 지금까지 설명한 것에 대하여 질문 있어?"

"없어!"

"그래? 그럼 안전교육 끝! 이제 출발해!"

"땡큐!"

세상에서 가장 험한 트레킹
왕의 오솔길

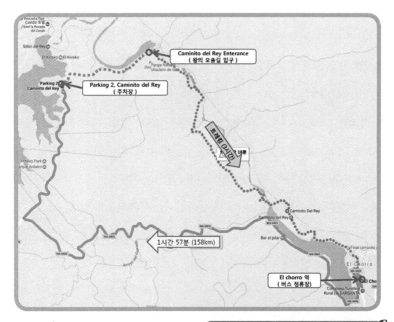

TIPS!!

왕의 오솔길(Caminito del Rey)은 스페인 안달루시아 지방 말라가 주 알로라 근교의 구아달오르세강을 따라 화강암 협곡에 있는 절벽길이다. 초로 폭포와 가이타네호 폭포 사이의 절벽에 만들어진 좁은 길로서 절벽 옆에 철골을 박아 뼈대를 만들고 콘크리트로 마무리하였다. 멀리서 보면 험한 벼랑에 선반처럼 달아 낸 것처럼 보인다. 원래 수력발전소 건설을 위해 만들어진 오솔길로, 1901년 건설을 시작해 1904년 준공되었다. 1921년 수력발전소가 완공되자 이를 축하하기 위해 당시 스페인 국왕이었던 알폰소 13세가 이 길을 지나갔다. 왕의 오솔길이라는 이름은 이때 붙여졌다. 그러나 왕의 오솔길은 수력발전소 완공 이후 전혀 관리가 이루어지지 않고 버려졌다. 이후 2009년에 이르러 안달루시아 지방정부는 이 길을 복원하기로 결정하였고, 2012년부터 3년에 걸쳐 정비하여 관광객들에게 개방하였다.

'시작은 미약하나 그 끝은 창대하리라.'

왕의 오솔길을 걷던 중 이 성경구절이 생각났다. 이 협곡의 시작과 끝의 풍경을 비교해보면 이 글과 잘 맞아 떨어지기 때문이다.

오솔길 시작점에 있는 작은 댐을 지나면 경사가 급한 바위산으로 진입한다. 오솔길은 바위산에서 벼랑 쪽으로 향하게 된다. 벼랑에 가까운 곳은 난간이 설치되어 있고, 경사가 더 심해지면서 나무 패널로 만들어진 길로 바뀐다. 더 나아갈수록 암벽 아래와 거리는 점점 더 멀어지고 고소공포로 인해 다리에 힘이 빠지기 시작한다. 발뒤꿈치가 시큰시큰해지는 현상을 일반적으로 오금이 저린다고 하는데 나는 오금뿐만 아니라 엉덩이까지 시큰거렸다. 가급적 눈을 아래쪽에 향하지 않게 하고 수평 혹은 하늘을 보고 걷다가 쉴 수 있는 공간이 있으면 심호흡을 하며 잠시 쉬었다 가기를 반복하였다.

그런데 린과 예린은 전혀 겁나지 않은 듯 즐기면서 벼랑길을 통과한다. 고소공포에 신경이 예민해져 있는 우리 부부를 놀리면서 말이다. 우리와 함께 출발했던 일행은 벌써 앞으로 멀리 가버렸고 대여섯 명만이 우리와 같은 페이스로 걸었다.

이렇게 30분 정도 걷다 보니 벼랑이 사라지고 산속의 오솔길이 나왔다. 고소에 조금씩 적응이 되어갈 무렵 벼랑길을 빠져나오게 된 것이다. 왕의 오솔길이 싱겁게 느껴졌다.

어느 지점에 이르렀을 때 벤치가 있어 휴식공간이라 생각하고 자리에 앉아 쉬면서 준비해온 간식을 꺼냈다. 그 시간만큼은 소풍을 와서 도시락을 먹는 분위기였다. 다른 일행들과 서로 사진을 찍어주고, 어느 나라 출신인지 물어보기도 한다. 그들은 이방인이 왕의 오솔길에 온 경우는 우리 가족이 유일한 것 같다고 말한다.

휴식 시간을 마치고 다시 걸었다. 오솔길 옆으로는 폐허가 된 수로도 있고, 1월에 핀 꽃도 보인다. 매처럼 하늘을 유유히 날고 있는 새도 보인다. 평탄한 길을 걷다가 어느 순간 절벽 사이의 나무 패널로 만들어진 길에 이르렀다. 이 정도의 길은 통과해봤기 때문인지 처음 공포 구간을 만났을 때보다 많이 나아졌고, 난간 아래를 구경할 수 있는 자신감과 여유도 생겼다. 그러나 그만큼 더욱 흥미 있는 구간이기도 했다. 린과 예린은 앞서 멀리 가버렸고, 우리 부부는 절벽과 호수를 감상하며 천천히 나아갔다. 얼마 후, 왕의 오솔길 트레킹에서 클라이맥스라고 할 수 있는 다리를 멀리에서 볼 수 있게 되었다.

린과 예린은 벌써 다리 위에 올라가 있었다. 현수교인 구름다리는 흔들면 출렁거린다. 아이들은 흔들리는 다리 위에 서 있는 것을 즐기고 있었다. 멀리 보이는 린과 예린이 나에게 빨리 오라고 하는 손짓이 유혹처럼 느껴졌다. 우리 부부도 깊은 협곡을 돌아 마침내 클라이맥스에 도달했다. 고소공포의 절정에 이르는 지점이라고 할 수 있는 다리다. 무서웠지만 사진을 많이 찍었다. 이런 내 모습이 사진작가처럼 보였는지 상당수의 현지인들이 사진을 찍어달라고 부탁한다.

무사히 구름다리를 건너기만 하면 고소공포는 끝이라고 생각했는데 더욱 험난한 고소가 기다리고 있다. 암벽을 타는 사람의 기분을 느껴 볼 수 있는 코스라고 할 수 있다. 절벽을 타고 산 능선으로 빠져나가는 마지막 코스는 클라이맥스 다리에 이어 최고의 하이라이트라고 하면 좋을 듯하다. 멀리서 화각이 넓은 렌즈로 찍은 사진을 보고 있으면 그 환상적인 오솔길 전경의 대단함을 느낄 수 있다.

17 | 경사진 암벽의 난간 길&풍경
18 | 왕의 오솔길 첫 번째 고소 지점
19 | 1월에 핀 이름 모를 꽃
20 | 포토존 근처 벼랑 중간의 린과 예린
21 | 포토존 배경
22 | 벼랑 벽면의 삼엽충 화석
23 | 암벽 뚫은 기찻길
24 | 오솔길 끝자락 현수교(클라이맥스)
25 | 햇빛, 공기, 물, 바람 그리고 잊을 수 없는 풍경

왕의 오솔길 남쪽 관리소(헬멧 반납 장소)

마지막 하이라이트 절벽 길

마지막 하이라이트인 절벽 길을 빠져나오면 산 중턱의 언덕길을 걷게 된다. 그 언덕길에서 지나온 왕의 오솔길을 보면 절벽으로 된 돌산과 호수의 풍경을 제대로 볼 수 있다. 청명한 하늘색, 회색 무늬 바위산 그리고 진초록색 호수 사이에는 선명하게 선이 그어져 있다. 이 아름다운 풍경은 자연이 만들어 놓은 최고의 걸작 중 하나일 것이다.

언덕길에서 조금만 걸어가면 왕의 오솔길 트레킹의 종착지다. 왕의 오솔길의 끝(Final caminito del rey)에 도착하여 헬멧을 반납했다. 30분마다 출발하는 북쪽 왕의 오솔길(Caminito del Rey Acceso Norte)행 버스를 타기 위해 엘초로역으로 걸어가야 한다. 엘초로역은 시골 간이역 수준이다. 왕의 오솔길을 방문하기 위해 기차를 타고 엘초로역으로 오는 사람들도 있다고 한다. 기차는 하루에 단 몇 대만 정차하기 때문에 시간을 잘 맞춰야 한다. 엘초로역에 버스가 도착했고, 버스는 만석으로 출발하여 왕의 오솔길 북쪽입구 주차장까지 데려다주었다. 버스 티켓은 프린트했던 왕의 오솔길 입장권 하단 부분에 별도로 있는데, 버스 기사는 그 부분을 뜯어서 검표를 한다.

오후 2시가 다 되어 렌터카가 있는 주차장으로 돌아왔더니 왕의 오솔길 트레킹에 총 3시간 정도가 소요되어 있었다.

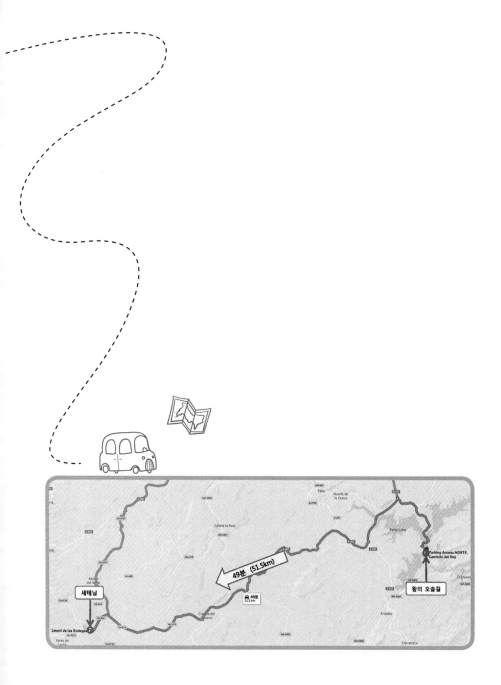

신기한 암벽 마을
세테닐

흥미진진했던 만큼 많은 아쉬움과 그리움이 남을 것 같은 왕의 오솔길을 떠나게 되었다. 스페인을 다시 여행하게 된다면 꼭 방문하고 싶은 곳으로 기억에 남을 것이다. 아쉬움을 뒤로하고 렌터카로 다음 목적지를 향해 달렸다.

왕의 오솔길 산악지역을 빠져나오면 안달루시아 지방의 멋진 풍경이 펼쳐진다. 린과 예린은 3시간의 트레킹이 힘이 들었던지 이 좋은 풍경을 보지 못하고 잠이 들었다. 린과 예린에게 렌터카를 타고 이동하는 시간은 휴식시간과 같다. 잠시 후, 우리가 도착한 곳은 바위 아래에 집을 만든 것으로 유명한 세테닐 마을이다.

세테닐에서 주차는 전망대 근처 도로변에 하는 게 좋다. 무료 주차가 가능하고 어차피 가야 할 전망대에서 세테닐을 한눈에 볼 수 있다.

세테닐로 이동 중 만나는 밀밭과 바위산 그리고 하늘

세테닐 시내 입구 근처는 이미 주차된 차량이 많았다. 아니나 다를까, 전망대에 도착하여 바라본 세테닐 중심가에는 이름 모를 축제가 진행되고 있는 듯하다. 음악 소리가 시끄럽고 많은 사람들은 술잔을 들고 춤을 추면서 축제를 즐기고 있는 모습이다. 천천히 전망대에서 내려가 마을에 들어서면 축제가 한창 진행되고 있는 세테닐 사람들의 문화행사를 제대로 보게 된다. 시끄럽기는 하지만 경쾌한 음악소리에 맞춰 많은 사람이 춤을 추고 어떤 이들은 테이블에 앉아 맥주 혹은 음료수를 마시고 있었다. 일요일이라 관광객과 마을 사람들이 모두 마을 광장에 나온 것 같다. 이 작은 마을 전체에 음악 소리가 퍼져 주말을 즐길 수밖에 없을 것 같아 보인다.

적당한 장소에서 식사를 하고 싶어 앉을 자리를 찾아보았으나 빈자리가 없었다. 이곳에서 늦은 점심 식사를 해결하고 싶었는데 아쉽게 느껴진다. 식사를 잠시 미루고 TV에서 봤던 큰 바위 아래에 지은 집(암벽동굴 집)들과 카페, 레스토랑들을 먼저 둘러보기로 했다. 세테닐의 유명세는 독특하게 만들어진 암벽터널 집에서 시작되었다. 이런 집들을 구경하기 위해 세테닐을 방문했는데 오히려 마을 축제 분위기에 관심을 빼앗기고 말았다. 바위 아래에 지은 집들을 둘러보고 골목길을 나올 때 푸드 트럭에서 추로스를 직접 만들어 팔고 있는 할머니가 눈에 들어왔다. 방금 만들어진 추로스는 지금까지 먹어본 것 중에 가장 맛있게 느껴진다.

마을 구경은 적당히 마치고 마을 중심가를 벗어나 버스정류장으로 걸었다. 세테닐에 들어올 때 봐두었던 피자&파스타 레스토랑으로 가기 위해서다. 이 레스토랑도 많은 사람들이 식사 중인지라 빈자리가 없었다. 주문을 먼저 하고 빈자리가 나올 때까지 기다려야 했다. 이 레스토랑의 피자는 지금까지 먹어 본 피자 중 최고의 맛이었고 가격도 저렴한 편이었다. 이렇게 맛있는 레스토랑은 자주 만날 수 없을 것 같아, 테이크아웃 피자를 한 판 더 포장해서 나왔다.

협곡을 품은 절벽 위의 도시
론다

TIPS!!

기원전 6세기경 켈트족이 최초로 이 지역에 아룬다(Arunda)라는 이름의 정착촌을 세웠고, 이후 고대 페니키아인이 제법 큰 규모의 마을을 세웠다. 그러나 현재 이 도시는 기원전 3세기에 로마 제국의 장군이자 정치가인 푸블리우스 코르넬리우스 스키피오 아프리카누스(Publius Cornelius Scipio Africanus)가 건설하여 요새화된 마을이다.
론다는 투우의 발상지로 널리 알려져 있다. 또한 대표적인 관광 명소 누에보 다리(Puente Nuevo)를 비롯해 많은 문화유산이 남아 있다.

세테닐에서 론다까지는 2차선 지방도로로 30분(약 21㎞) 안에 갈 수 있다. 평야지대가 아닌 시골길을 달리기 때문에 우리나라의 지방도로와 비슷한 느낌이다. 관리되지 않은 오래된 집이나 빈집도 보이고, 1차선으로 좁아지는 마을길을 통과하기도 한다. 이 모습은 인구가 급격히 줄어든 우리나라의 시골과 비슷해 보인다.

론다에는 2시간 정도 머무는 것

으로 계획하였다. 론다 시내는 둘러볼 필요 없이 누에보 다리와 투우경기장만 보려고 한다. 여행 전 구글 맵에서 론다를 답사할 때 주차하기 적당한 위치를 찾아냈다. 그곳은 누에보 다리 아래에 위치하고 있어 농로와 같은 작은 길을 따라서 들어갈 수 있는 곳이다. 만일 이런 계획이 현실과 맞지 않다면 론다 시내에 있는 소코로 지하주차장에 주차를 할 생각이었다. 이 계획은 예상대로 멋지게 잘 맞아떨어졌다. 농로를 통해서 누에보 다리를 올려다볼 수 있는 위치까지 차로 가는 데 별다른 문제는 없었고 누에보 다리 '감상 포인트' 자리에 주차를 할 수 있었다. 길 가장자리에 주차를 하고 배낭에 음료수 정도만 챙긴 뒤 누에보 다리 트레킹을 시작하였다.

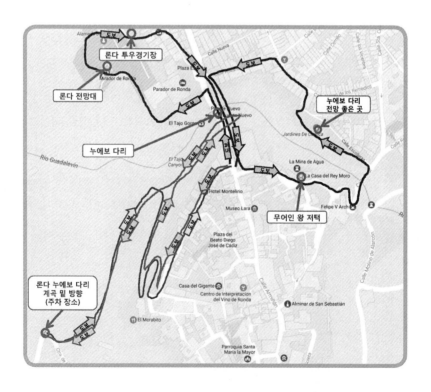

누에보 다리

감상 포인트에서 천천히 누에보 다리 방향으로 올라가던 중 한국 말이 들려왔다. 론다에서 처음 본 사람은 누에보 다리에서 내려오는 젊은 한국여성 관광객들이다. 누에보 다리에서 여기까지 오는 데 얼마나 걸리는지 그들에게 물어보니 10분 정도라고 한다. 다른 관광객들은 누에보 다리 위에서 협곡 아래로 내려왔다 올라가는 코스를 걷는데 우리는 거꾸로 진행을 하고 있다.

잠시 후, 누에보 다리가 잘 보이는 위치에 이르렀다. 역시나 이곳에도 한국인들이 대부분이다. 이렇게 많은 한국인을 만나는 것은 구엘 공원 이후 처음이다. 대학생들이 가장 많았고 60세가량의 부부들도

누에보 다리

누에보 다리에서 보는 그라짤레마 자연공원

감상포인트에서 본 누에보 다리

많았다. 누에보 다리가 잘 보이는 포토존은 인증사진을 찍기 위해 순서를 기다려야 할 정도였다. 한국인들이 많아 서로 사진을 찍어주기도 하는 곳이다. 다시 누에보 다리를 향해 걷기 시작했다. 높은 위치에 있는 론다에 올라섰을 때 계곡 아래부터 멀리까지 펼쳐진 풍경을 구경할 수 있다. 멀리 있는 산에는 눈이 내렸었던지 흰 눈이 쌓여 풍경을 더욱 멋지게 연출하고 있다.

론다의 다리에 이르렀을 때, 주변은 관광객의 수를 헤아릴 수 없을 정도로 많았다. 인산인해라는 표현이 좋을 듯하다. 물론 한국인들이 차지하는 비중도 상당했다. 관광객은 론다의 다리부터 미라도르까지 분주하게 옮겨 다녔고, 그들이 웅성거리며 떠드는 소리는 끊이질 않았다. 많은 스페인 사람들도 휴일인 일요일을 이용해 론다에 관광을 오는 것 같다. 120m 높이의 다리에서 계곡 아래를 보는 것은 불안해서 못 할 것만 같았다. 오금이 저리고 엉덩이가 시큰거리는 신경 반응이 일어나며 고소공포를 느끼기 때문이다. 아찔한 다리 아래 계곡보다는 멀리 있는 산과 들 그리고 하늘이 보기에 편하고 아름다웠다.

다리를 건너면 국영호텔인 파라도르 건물이 있는데 이 앞에서 누에보 다리를 보면 협곡부터 다리 위까지 가까이서 볼 수 있다. 파라도르 옆 헤밍웨이의 산책로(Paseo de E. Hemingway)라 불리는 길을 따라 조금만 더 걸어가면 미라도르, 즉 론다의 전망대가 나온다. 전망대에 서면 깎아지른 절벽, 올리브 농장과 구불구불한 시골길이 어우러진 평원의 풍광이 펼쳐져 있다. 헤밍웨이가 론다를 '연인과 로맨틱한 시간을 보내기 가장 좋은 곳'이라 예찬하였다는데 공감할 만하다.

전망대 옆 엘메다 델 타호 공원을 통과하면 투우상이 있는 투우장이 있다. 투우는 론다에서 시작되었다고 한다. 이 투우상은 투우를 상징하기 위해 만들어 놓은 것인지 투우 경기에서 죽어간 수많은 소의 영혼을 달래기 위해서 만들어 놓은 것인지는 모르겠다. 개인적인 생각으로는 관광객을 위한 상징물일 것으로 보인다. 우리나라 같으면 소들의 영혼을 달래기 위한 재단을 만들었을 것 같다는 생각을 한다. 스페인 사람들은 소를 성서에 나오는 종교의식의 제물로 여긴다고 한다. 그래서 투우도 이런 종교의식과 사냥을 통해 하나의 문화로 자리 잡은 것으로 본다. 그러나 우리나라 사람들은 소를 순하고 성실한 동물로 여겨왔다. 옛날부터 우리 소는 짐을 나르고 밭을 가는 등 노동을 제공해주는 가장 귀중한 재산이었다. 그래서 가족의 일원으로 간주될 정도였다. 이런 까닭에 동서양을 비롯한 각자의 문화마다 투우상을 보는 뚜렷한 시각 차이가 있을 것 같다.

스페인에는 투우에 관한 다음과 같은 이야기가 있다.

스페인을 관광하는 사람이 있었는데 하루는 허기진 배를 채우기 위해 근처 식당에 들어가 아무거나 시켰다. 이상한 냄새에

투우장 앞 황소상

누에보 다리 반대편

고기도 질긴 음식이었다. 그런데 옆 테이블 손님이 시킨 음식은 웨이터가 아주 정중하게 가져다주는 데다 금빛 뚜껑을 여니 너무 맛있어 보이는 고기 두 덩어리가 들어 있는 것이다. 보기만 해도 군침이 넘어가 남자는 웨이터를 불렀다.

"저 사람이 먹는 음식이 뭡니까?"

그러자 웨이터가 말했다.

"저 음식은 투우 경기가 있는 날 소가 쓰러졌을 때 그 소의 거시기를 이용해 만든 요리입니다. 그러니 저 요리는 경기가 있는 날, 딱 여섯 분밖에 못 드십니다."

웨이터의 설명을 들은 남자는 그 요리를 꼭 먹어보고 싶었다.

"지금 예약하면 언제 먹을 수 있겠소?"

그러자 웨이터는 예약 장부를 들추며

"이번 일요일에 드실 수 있습니다."

라고 알려주었다. 남자는 미리 돈까지 다 치르고 예약을 했다. 그리고 일요일이 되었다. 다시 레스토랑에 찾아온 남자는 의기양양하게 주문한 음식을 요구했다. 그러자 금빛 쟁반 뚜껑 안에 요리가 담겨 나왔다. 그런데 뚜껑을 열어보니 메추리 알 크기의 고기가 두 점밖에 없는 것이 아닌가.

"아니 이게 뭐요?"

그러자 웨이터가 말했다.

"손님, 오늘은 소가 이겼습니다."

- 『일생에 한번은 스페인을 만나다』

이 이야기를 린과 예린에게 들려주었다.

"사기친 거네."

"아빠! 아재 개그한 거야?"

이런 반응을 보였지만, 그래도 재미는 있었다고 한다. 투우사는 붉은 천을 이용하여 속임수를 써서 소를 잡고, 웨이터는 관광객을 속이고 농락까지 하며 바가지를 씌우는 웃지 못할 이야기다. 투우가 처음 시작된 론다의 투우장을 들어가 볼까 하다가 해가 지기 전에 '모로 왕의 집'을 방문하는 것을 우선하기로 했다.

누에보 다리를 건너 골목길을 따라 내려가다 보면 벽면에 조그만 '모로 왕의 집'이라는 안내판이 있다. 일반 개인 주택 같은 대문이 있고, 그 안에 매표소가 있다. 모로 왕의 집 방문은 저녁 6시가 넘어서는 입장할 수 없다고 한다. 아마 투우장에도 시간이 늦어서 입장하지 못했을 것이다. 모로 왕의 집에 방문하면 옛날 노예들이 물을 나르기 위해 다녔다는 우물에 내려갔다 올라와 보고서, 고단했던 노예의 삶을 린과 예린에게 체험시켜주고 싶었는데 아쉽게 되었다.

비록 들어가지는 못했지만 이곳에 대한 구체적인 이야기는 설명해 주었다.

모로 왕의 집

    모로 왕의 집(La Casa del Rey Moro)을 나와 펠리페 5세의 문을 통과한 후 쿠엔카 정원으로 갔다. 쿠엔카 정원은 산책하기 좋은 길이다. 그 많은 관광객이 거의 없었다. 쿠엔카 정원에서 보는 누에보 다리도 아름답다. 자연이 만든 절벽과 인간이 만든 다리의 조화는 멋진 풍경이 되어 세계문화유산이 되기에 충분하고도 남아 보인다. 이곳에서 혼자 여행 온 젊은 여선생을 만나 서로 사진을 찍어 주는 등 도움을 주고받았다. 쿠엔카 정원은 관광객이 거의 없는데 한국인을 만나니 반갑게 느껴졌고 함께 어울리게 되었다. 우리 가족은 그 여선생과 여행에 관한 이야기를 나누며 론다 시내를 거쳐 누에보 다리까지 함께 걸었다.

    그녀는 중학교 물리 선생님이라고 하는데, 방학 때마다 여행을 하고 있다고 한다. 교사라는 직업이 방학을 이용하여 여행하기에 정말 좋다고 한다. 그 말을 들은 예린은 장래 희망을 교사로 하겠다고 다짐을 한다. 그래서 방학 때마다 엄마하고 여행을 다니고 싶다고 말한다. 여행 중 여선생을 만나 대화를 나눈 것이 예린에게 좋은 동기부여가 된 것 같다.

해가 조금씩 기울자 누에보 다리에서 보는 노을은 더욱 아름답게 느껴진다. 모로 왕의 집을 방문하지 못한 대신에 우리는 누에보 다리 아래쪽으로 걸어가 보기로 했다. 계곡 사이로 최대한 들어가다 보면 모로 왕의 집과 연결된 우물 근처까지 갈 수 있을 것이라는 생각이 들었기 때문이다. 그러면 멀리서나마 우물 터널 출구를 볼 수가 있을 것 같았다.

시간이 많이 걸리지는 않았지만 다리 아래에 도착했을 때 날이 어두워지기 시작했다. 계곡물을 옆에 두고서 절벽 사이를 걷는 것은 또 다른 재미다. 펌프 시설로 보이는 곳에서 길이 막혀버렸다. 더 이상 앞으로 나아갈 수 없게 되어 발길을 돌릴 수밖에 없었다. 이때는 이미 깜깜한 밤이 되어 멀리서 비춰주는 희미한 가로등불이 없으면 아무것도 보이지 않을 것 같았다. 이런 분위기를 이용하여 아내와 린은 귀신 흉내를 내면서 예린을 놀려주는데 예린은 정말 무섭다며 화를 냈고, 린은 이 상황이 재미있다며 장난을 쉽게 그만두지 않았다. 길도 잘 보이지 않는 칠흑 같은 어둠이라 휴대폰 랜턴 기능을 이용하여 조심스럽게 계곡을 빠져나왔고 렌터카를 세워 둔 감상 포인트로 향했다. 차가 있는 농로에 거의 닿을 무렵 인적이 없는 조용하고 깜깜한 암흑 속에서 말발굽 소리와 마차가 굴러가는 소리가 들렸다. 뭔지 모를 오싹함이 느껴졌다. 암흑 속에서 이 소리를 들으면 누구라도 으스스할 것이다. 잠시 후 그 소리는 멀어졌고 사방은 조용해졌다. 걸어온 길 뒤쪽은 누에보 다리가 조명에 비쳐 아름답게 보이지만 렌터카가 있는 방향은 랜턴이 없으면 길을 알 수 없는 어둠뿐이다.

숙소가 있는 미하스로 가기 위해 론다를 떠난 시간은 저녁 7시 30분이다. 미하스 가는 길은 대부분 산악지형인 A397번 2차선 도로다. 이 길은 경치가 아름다워서 드라이브 코스로서 좋다고 한다. 하지만 밤에 이동을 하기 때문에 풍경 구경은 할 수 없었다. 꼬불꼬불한 도로는 오히려 운전을 어렵게 하고 많은 긴장을 하게 된다.

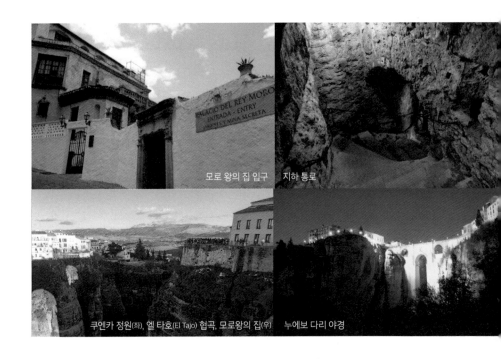

모로 왕의 집 입구   지하 통로

쿠엔카 정원(좌), 엘 타호(El Tajo) 협곡, 모로왕의 집(우)   누에보 다리 야경

라 포사다 데 미하스
미하스 숙소

숙소인 라 포사다 데 미하스를 찾아가는 길은 어렵지 않았다. 하지만 숙소 근처에서 겨우 차 한 대만 통과할 수 있는 일방통행 길을 따라가는데 집 앞 골목길이 공사 중이었다. 구글 지도에서 보았던 집을 찾아 문을 두드렸다.

잠시 후 연세가 많으신 할머니께서 나오셨다. 할머니는 반갑게 우리 가족을 맞아주셨다. 영어로 상냥하게 또박또박 우리의 방을 안내해주시고 편의 시설도 알려주셨다. 이 집은 빌라형 가정집을 숙박시설로 바꾼 형태, 즉 B&B 유형의 숙소로 보인다. 할머니께서는 라 포사다 데 미하스에 대한 자랑을 많이 하신다. 특히 베란다에서 보는 전망이 최고라고 한다. 베란다에 나가 보니 미하스 야경이 한눈에 들어왔다. 오른쪽부터 왼쪽까지 모든 전망이 시원하게 펼쳐져 있고, 저 멀리 지중해 바다까지 훤히 트여 있다. 숙소에는 방 2개, 욕실, 주방이 있고 모든 취사 시설이 다 갖추어져 있어 일반 가정집 같았다.

렌터카 주차는 미하스 관광 안내소 주차장에 1일 1유로에 할 수 있다고 한다. 주차장에 갔을 땐 늦은 시간이라 요금을 받는 사람이 없어 무료 주차를 하게 되었다. 주차 후 짐 정리를 끝내고 밤 9시 반이 지난 시간에 타파스와 음료를 마시고자 아내와 미하스 마을을 탐색해보기로 했다. 마을이 크지 않아 마을 입구까지 10여 분이면 모두 둘러 볼 수 있을 것 같았다. 대부분의 가게는 문이 닫혀 있었다. 마을 주차장 옆에 위치한 레스토랑이 유일하게 영업을 하고 있었는데, 의외로 손님이 많았다. 우리는 생맥주와 타파스를 즐기며 미하스 마을 사람들이 끊임없는 토론(수다?)을 하면서 저녁시간을 즐기는 문화도 볼 수 있었다.

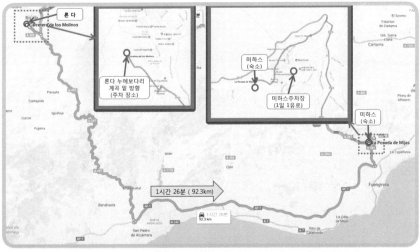

숙소에서 본 야경   미하스 밤 골목

PORTUGAL

SPAIN

PART 07

미하스 네르하와
그라나다

- 여행 6일 차 -

하얀 마을
미하스

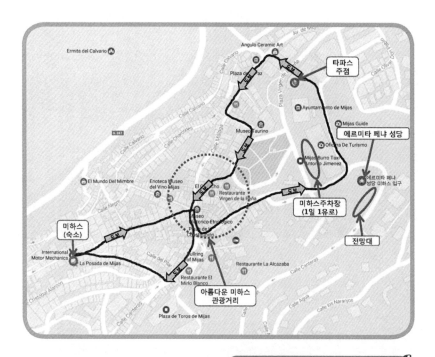

TIPS!!

미하스는 안달루시아 지방 고유의 정취를 그대로 간직한 아름다운 도시로, 흰색 벽과 갈색 또는 붉은색 기와지붕이 특징인 안달루시아 전통 양식의 주택이 산기슭부터 중턱까지 빼곡하게 들어찬 모습이 장관이다. 안달루시아 자치 지역에 속한 일명 '백색의 도시' 중에서도 아름답기로 유명해 흔히 '안달루시아의 에센스'라는 애칭으로 불린다.
세계적인 해변 휴양지 코스타 델 솔(Costa del Sol) 중심에 자리 잡고 있어 관광·휴양 도시로 잘 알려져 있으며, '코스타 델 솔의 보석'이라는 애칭도 있다.

7시에 일어나 아침 공기를 마시러 발코니에 나갔다. 아직 해가 뜨지 않아 어두운 미하스 거리를 가로등 불이 비추고 있다. 별빛이 점점 희미해지면서 날이 밝아오는 미하스의 아침이다. 멀리 지중해까지 보이는 숙소의 발코니는 풍경을 감상하기에 최고의 자리에 위치하고 있다. 미하스의 주택은 대부분 산의 경사면에 지어졌기 때문에 주택의 발코니에서 지중해를 볼 수 있다. 맑은 공기와 푸른 하늘, 멀리 대서양이 보이는 풍경은 너무도 평화로워 보인다. 지중해 조망을 제공하는 숙소인 줄 모르고 와서 더욱 기분이 좋다. 숙소는 아침 식사 준비를 할 수 있는 주방이 있어 편리함까지 제공하고 있다. 아침 식사를 마치고 미하스 시내 관광을 하고자 숙소를 나섰다.

벽이 온통 하얀색으로 칠해진 집들은 창문 또는 문 앞에 꽃을 키우는 화분을 전시하고 있다. 꽃을 사랑하는지 아니면 관광객을 위해 연출한 것인지 잘 모르겠으나 화분과 꽃이 깨끗한 것을 보면 진정 꽃을 사랑하고 정성으로 가꾸고 있음을 느낄 수 있다. 관광 안내소에 거의 닿을 무렵 제일 먼저 한국말이 들렸다. 아침 일찍부터 관광을 하는 한국인은 우리 가족이 유일하다고 생각했는데, 또 다른 한국인이 있다는 사실에 놀랐다. 그들은 다른 도시에서 버스를 타고 왔다고 한다. 관광 안내소 근처에 이르렀을 때는 몇 대의 관광버스가 한국인들을 싣고 와서 가이드의 안내를 받고 있었다. 많은 한국인들은 마을 곳곳으로 흩어져 구경하러 다니기 시작했다. 이때 가이드가 관광객들에게 큰 소리로 말한다.

"20분 안에 차에 타셔야 합니다."

가이드 아저씨의 말에 따르면, 이 패키지 관광객들은 아침 7시에

그라나다를 출발해 미하스에 왔다고 한다. 이들의 다음 일정은 지브롤터를 거쳐서 배를 타고 모로코로 건너가는 것이란다. 그렇다면 9시 이후에 마을 구경을 시작한 우리 가족은 너무 여유롭게 여행을 하고 있는 것인지 아니면 게으른 것인지 생각을 해봐야 할 것이다.

마을의 특징인 하얀색 골목길을 구석구석 둘러봤으니, 성벽에 숨겨져 있었던 성모마리아가 있다는 페냐 성당을 찾아가기로 했다.

미하스 여명　관광 안내소 근처 당나귀 상(포토 존)

기념품 가게　미하스 거리

페냐 성당 위 예수상과 종탑

성녀 페냐

바위의 성모 은둔지
에르미타 페냐 성당

TIPS!!

이슬람 왕조가 이베리아 반도를 지배하던 때, 기독교인들이 박해를 피해 미하스의 성벽에 숨겨 놓았던 성모마리아상이 1548년 한 수도사에 의해서 발견되었다거나 목동이 발견했다고 한다. 1586년에 종탑에 앉아있던 비둘기가 성모마리아로 변신하는 것을 보고 그 자리에 성당을 지은 뒤 그 이름을 '바위의 성모 은둔지(Ermita de la Virgen de la Peña)'라고 했다는 이야기도 전해져 온다.

당나귀 상이 있는 관광 안내소에서 지중해가 있는 방향의 언덕에 페냐 성당이 있다. 성당이라기보다 돌로 된 동굴 같아 보였다. 성당은 바위 일부분을 파내서 만들었기 때문에 독특하면서 어색한 분위기를 느낄 수 있다. 유리 상자 안의 성녀 페냐는 여자 아이들이 좋아하는 인형처럼 보인다. 어떤 사람은 그 꾸밈이 마론 인형처럼 느껴진다고 한다. 마을의 수호성인의 상징물로서는 뭔가 부족해 보이는 인상이다. 성당 안에는 성물과 나무 십자가 등의 볼거리가 전시되어 있다. 성당에서 나오면 왼쪽 편에 전망대가 있다. 전망대에서 보이는 푸엔리롤라와 지중해의 풍경은 시원스럽게 트여 있어 매력이 넘친다.

아침 산책을 겸한 미하스의 여행은 성당 앞 벤치에서 쉬는 것으로 마무리하였다.

주차장에 있던 렌터카를 끌고 숙소에 가서 짐을 실은 뒤, 주인 할머니께서 말씀하신 비밀스러운 화분 안에 방 열쇠를 놓고 미하스를 떠났다.

유럽의 발코니
네르하

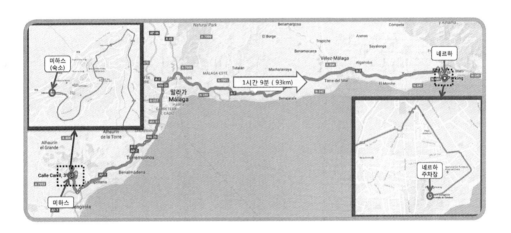

하얀색으로 물든 마을과 청명한 하늘 그리고 파란 바다가 어우러져 눈이 부시도록 아름다운 미하스를 떠나는 것이 퍽 아쉽다. 시간의 제약을 받지 않는 여유가 있다면 며칠이든 머물고 싶은 마을이다.

훗날 기억할지는 모르겠지만 은퇴하면 꼭 그렇게 하자고 아내와 약속을 하였다.

마을 입구 근처에 있는 주유소에 들어가 애마가 된 렌터카에 처음으로 주유를 하였다. 혹시 모를 불안요소를 하나라도 없애기 위해 연료가 절반 이하가 되면 곧바로 주유소를 찾는 편이 좋을 듯하다. 네르하에 가는 길에는 지중해를 오른쪽에 두고 해안 고속도로를 달리게 된다. 린과 예린과 아내는 눈이 부시도록 햇빛을 반사하는 지중해 바다를 구경하는 것보다 피곤함을 달래는 것이 우선이었던지 운전하는 내내 낮잠에 빠졌다.

11시 이전에 네르하에 도착하는 것을 목표로 피카소의 고향인 말라가를 우회하여 빠르게 통과하였다. 애초 여행 계획을 세울 때 말라가에 있는 피카소 생가와 박물관 방문을 심각하게 고려하였으나 시간이란 제약 때문에 우선순위에서 밀려나게 되었다.

네르하를 방문하는 목적은 유럽의 발코니라 부를 만큼 아름답다는 높은 절벽에서 지중해를 구경하는 것이다. 내비게이션에 설정된 유럽의 발코니 근처의 주차장까지 운전은 순탄하게 진행되었다. 유럽의 발코니만 둘러볼 것이므로 최대한 간편한 차림으로 발코니를 향해 걸었다. 유명한 관광지답게 조그만 기념품 가게들이 늘어서 있고 네르하의 상징인 유럽의 발코니 그림이 들어간 각종 기념품들이 관광객의 눈길을 끌어 모은다. 곧 넓은 광장(Plaza Balcon de Europa)에 이르자, 수평선이 뚜렷한 지중해가 보인다. '유럽의 발코니(Balcon de Europa)'라 불리는 전망대는 지중해와 맞닿아 있는 절벽 위의 난간 주변을 이르는 표현일 것이다. 돌출된 발코니에는 많은 여행자들이 거닐거나 앉아서 햇볕을 쬐고 있다. 전망대의 끝에 서면 구름 한 점 없는 깨끗한 하늘과 파란 지중해의 바다가 맞닿아 수평선이 선명하게 그어져 있는 걸 볼 수 있다. 발코니 좌우에는 조그만 해수욕장과 해변을 따라 절벽이 길게 이어져 있고, 절벽 위에는 호텔, 레스토랑으로 추정되는 하얀 집들이 그림처럼 펼쳐져 있다. 따뜻하다고는 하지만 1월이기 때문에 추위를 타는 사람도 있을 법한데 반팔만 입고 다니는 사람들이 상당히 많다. 그만큼 햇볕이 따뜻한 지중해 해안이다.

네르하를 유명하게 만든 이는 카스티야 이 레온(Castilla y Leon) 왕국의 왕이었던 알폰소 11세(1312~1350년)다. 이곳 전망에 감동받아 유럽의 발코니라고 명명한 뒤로 유명해진 것이다. 알폰소 11세는 이 말한마디로 네르하를 널리 알리는 데 기여한 공로자가 되었다. 이 공로를 기념하기 위해 발코니 광장에는 실제 알폰소 11세의 크기와 똑같은 동상을 만들어 놓았다.

린과 예린은 곧바로 작은 해수욕장으로 내달렸다. 그리고 파도와 밀고 당기기를 하더니 결국 파도가 예린의 발을 덮쳤다. 엄마한테 혼나 가면서 파도와 밀당(밀고 당기기)을 즐기다 신발이 흠뻑 젖었는데도 재미있어 한다. 아이들은 멋진 풍경보단 놀이가 있어야만 여행이 재

발코니 옆 해수욕장

유럽의 발코니

알폰소 11세와 다정히

레스토랑

미있나 보다.

정오가 될 무렵, 주차장에서 발코니로 올 때 봐 두었던 레스토랑으로 점심식사를 하러 갔다. 그 레스토랑의 바로 옆 레스토랑에서 한국인 부자가 야외테이블에 앉아 식사를 하고 있기에 입맛에 맞는지 물어보았다.

"이 레스토랑(Little Italy S. C.)이 한국인들에게 맛집으로 유명한데 직접 먹어보니 정말 맛있고 양도 푸짐해서 좋네요"라고 귀띔해 주었다.

옆집 아저씨가 호객행위를 할 때, 유럽의 발코니를 보고 오겠다고 약속했으나 유명하다는 맛집의 테이블에 앉았다. 소비자는 입소문에 따라 움직이는 갈대와 같은 걸 어찌하겠는가?

피자와 파스타를 주문했다. 양이 정말 많았다. 게다가 맛은 지금까지 먹어본 피자 중 최고의 맛이라고 해도 손색이 없었다. 양념을 아끼지 않고 푸짐하게 넣은 데다 화덕에 구웠는지 색다른 맛이었다. 오후 간식으로 먹을 피자를 한 판 더 주문해서 가져가기로 했다. 피자 2판, 파스타, 음료수 2잔에 대한 비용은 10유로가 되지도 않았다. 늦은 점심식사를 마치고 린과 예린에게 약속했던 젤라토를 사주기 위해 발코니 광장 앞 젤라토 가게를 찾았다. 네르하 여행 마무리는 기념품 가게 구경과 네르하를 상징하는 액세서리 구입이다. 네르하를 떠나면 지중해 코스타 델 솔(Costa del Sol)과는 작별을 하게 된다. 시간이 주어진다면 2~3일 이상 여유를 즐기며 보낼 수 있는 훌륭한 휴양지라고 본다.

오후 1시가 될 무렵 다음 여정인 알함브라가 있는 그라나다로 향한다.

플라멩코의 고향 그라나다를 향하여

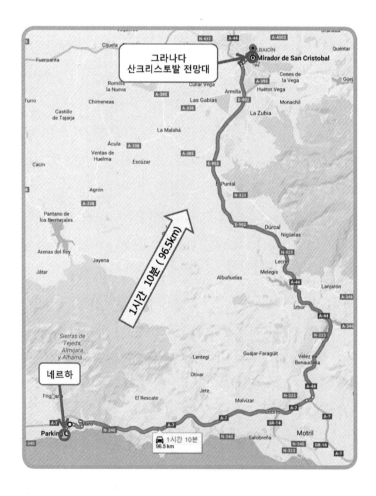

그라나다를 향해 달리다 보면 큰 바위산(시에라 네바다 산맥의 일부)을 넘어야 한다. 이 바위산맥을 넘어가면 평지가 시작되는데 분지와 같은 이 땅은 누가 보아도 풍요롭고 비옥해 보인다. 이 넓은 대지만으로도 그라나다에 왕국이 세워지는 것이 당연했을 것으로 여겨진다. 이 비옥한 땅 때문에 이슬람이 지배하던 시절 그라나다는 풍요로운 왕국이었다.

하지만 그라나다의 풍요로움과 상반되는 지역, 다시 말해 가난하고 소외당하였던 사람들이 살던 곳을 먼저 방문하고자 한다. 집시들의 주거지와 그들의 박물관이 있는 사크로몬테(Museo Cuevas del Sacromonte)를 먼저 방문할 계획이다. 구글과 시직 내비게이션은 사크로몬테 박물관 가는 길을 각각 다르게 가르쳐 줬다. 구글 맵은 그라나다를 우회하는 경로를 안내하고, 시직은 우회하지 않는 길을 안내한다. 우회하면 시간이 많이 걸릴 것 같아 시직이 안내하는 경로를 선택하기로 한다. 이 선택은 운전자에게 큰 시련을 안겨주었다. 지도를 통해서 그라나다의 지리를 확인할 때는 등고차를 제대로 알 수 없었던 탓도 있고, 시직도 일방통행을 정확히 표시해 주지 않아서 험난하고 아슬아슬한 주행을 이어갔다. 시직이 안내한 경로는 산 크리스토발 전망대 근처를 통과하여 사크로몬테 박물관에 가는 길이다. 경사가 급하고 좁은 비탈길을 어렵게 가고 있는데, 어느 지점부턴가 길이 너무 좁아지더니 간신히 차 한 대만 통행할 수 있는 지역을 통과하게 됐다. 아내가 차에서 내려 건물에 렌터카가 닿는지 여부를 봐주고 나서야 겨우 통과할 수 있었다. 잠시 후 내비게이션은 일방통행 길을 반대로 안내하여 마주 오던 차와 맞닥뜨리게 되었다. 상대편 운전자가 뒤로 물러나라는 손짓을 하였고, 이에 아내는 또다시 차에서 내려 비탈진 데다 좁은 길을 후진해야 하는 차의 안내원이 되어야 했다. 차를 손상시키지 않고 잘 빠져나온 것이 정말 다행이다. 험한 길에서 2번에 걸쳐 어려움에 처하다 보니 정신이 혼미해졌다.

결국 신뢰가 무너진 시직 내비게이션을 무시하고 구글 맵 내비게이션으로 사크로몬테 박물관 경로를 확인해보았다. 구글 맵은 그라나다를 크게 벗어나 우회하여 약 40분 소요되는 경로를 안내한다. 결국 사크로몬테 박물관 방문은 시간 문제로 포기하기로 하였다. 대신 근처에 있는 산 크리스토발 전망대에 차를 세웠다.

산 크리스토발 전망대

전망대에서 본 알함브라 궁전&성벽

산 크리스토발 전망대

산 크리스토발 전망대는 그라나다 시내와 알함브라 전경을 훤히 내려다볼 수 있는 언덕에 위치해 있다. 현대의 도시들은 고층 건물이 경쟁적으로 건축되고 있어 구도심이 한눈에 들어오는 전망을 갖춘 곳이 점점 사라지고 있다. 하지만 그라나다는 고층건물이 없으므로 높은 곳에 조금만 올라서면 도시 전체를 볼 수 있는 것 같다. 알함브라 궁전과 그라나다 시내, 그리고 눈 쌓인 시에라네바다 산맥을 배경으로 사진을 찍었다. 우리 가족 외에 전망대 담에 걸터앉아 있는 스페인 세뇨리따(아가씨)가 있었다. 린과 예린이 너무 시끄럽게 했던지 스페인 세뇨리따는 듣고 있던 이어폰을 빼고서 인사를 한다. 고개를 들었을 때 긴 머리를 뒤로 넘기며 웃는 모습이 전형적인 스페인 미녀의 모습이다. 그녀는 가족사진을 찍어주겠다며 배경이 좋은 위치를 알려준다. 스페인 사람 특유의 친절하고 좋은 성격은 싱그러운 향기처럼 느껴졌다.

그라나다 구도심

한차례 험난한 운전을 한 탓에 산 크리스토발 전망대에서 숙소에 가는 길이 조심스러워진다. 하지만 AMC 그라나다를 찾아가는 데 특별한 어려움은 없었다. AMC 그라나다는 누에바 광장과 접해 있는 숙소로서 가격대비 위치와 전망이 좋은 편이다. 단, 주차는 숙소에서 100m 떨어져 있는 주차장으로 가야 하는 단점이 있다. 또한 시설은 깨끗하고 청결하였으나 취사할 수 있는 공간이 없었던 점이 아쉽다. 여장을 풀고 오후 일정인 그라나다를 어떻게 돌아볼 것인지 순서를 정하기 위해 안내데스크의 직원에게 조언을 구했다.

그라나다 지도의 일정은 지도의 경로대로 진행하였다. 보라색 경로를 먼저 걷고, 그다음 초록색 경로를 따라가게 된다. 네르하 레스토랑에서 가져온 피자를 간식으로 먹고 시내 관광에 나섰다.

그라나다에서 가장 먼저 해야 할 일이 있다. 코랄 델 카본을 찾아가 인터넷으로 예약한 알함브라 티켓을 발급받는 일이다. 코랄 델 카본으로 가다 보면 콜럼버스가 이사벨 여왕을 알현하는 장면을 동상으로 만들어 놓은 이사벨 광장을 지나게 된다. 나름 의미 있는 장소

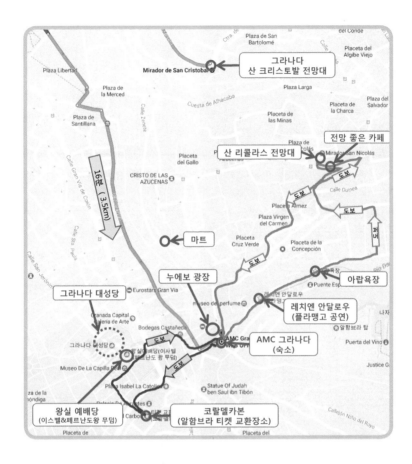

그라나다
산 크리스토발 전망대

전망 좋은 카페

산 리콜라스 전망대

도보

도보

도보

페바

마트

아랍욕장

누에보 광장

도보

레치엔 안달로우
(플라맹고 공연)

그라나다 대성당

AMC 그라나다
(숙소)

16분 (3.5km)

그라나다 대성당

도보

도보

왕실 예배당
(이스벨&페르난도왕 무덤)

코랄델카본
(알함브라 티켓 교환장소)

숙소에서 본 누에바 광장

AMC 그라나다(숙소)

이사벨 여왕과 콜럼버스 동상

알함브라 티켓 교환 장소(코랄 델 카본)

왕실예배당 앞 광장

그라나다 대성당

인 것 같은데 사진 찍는 사람은 우리 가족뿐이다. 이곳에서 조금만 더 걸어가면 코랄 델 카본이 있다. 허름한 건물에 벽은 덩굴나무로 덮여있어 폐허 느낌이 드는 건물이다. 약간 으슥함마저 드는 건물의 입구 맞은편에 사무실이 있다. 친절하게 안내해 주는 스페인 아줌마는 우리가 무엇을 물어보려고 하는지 미리 알아차리고 설명을 해준다.

"알함브라 궁전 입장티켓을 발급받으려면 예약할 때 사용한 신용카드를 자동발급기에 삽입하세요. 그러면 티켓이 발급됩니다."

그녀가 시키는 대로 기계에 신용카드를 넣었더니 알함브라 티켓 4매가 출력되었다. 내일 가야 할 알함브라 궁전 입장권을 발급받고서야 홀가분한 마음으로 그라나다 명소를 찾아

길을 걸었다.

코랄 델 카본 건너편에는 왕실 예배당이 있다. 왕실 예배당과 그라나다 대성당은 건물 자체가 서로 붙어 있는 듯 보인다. 왕실 예배당은 가톨릭 부부 왕의 유해가 안치되어 유명세를 떨치게 되었다. 세비야 대성당 내부 관람이 너무 강렬했던 탓에 그라나다 대성당과 왕실 예배당의 내부관람은 자칫 지루해질 것 같아 외부만 둘러보는 것으로 만족하고 다음 목적지로 향했다. 쇼핑 상가가 밀집한 거리를 빠져나오면 레스토랑이 즐비한 누에보 광장을 통과하게 되고 조금 더 걸어가면 다로 강에 이르게 된다. 누가 봐도 시냇물이 흐르는 개천 크기인데 강이라고 부른다.

다로강 건너편은 알함브라 궁전이고, 반대편은 알바이신 지구다. 다로강을 따라 조금 더 올라가면 플라멩코 공연을 볼 수 있는 레 치엔 안달로우가 있다. 관광 온 외국인보다 현지인들이 많이 찾는 플라

TIPS!!

왕실 예배당(Royal Chapel of Granada)
카스티야 여왕 이사벨 1세가 아라곤 왕 페르난도 2세와 결혼하면서 두 왕국은 하나가 되었다. 왕실 예배당에는 스페인을 통일한 두 왕이 안치돼 있다. 이들은 스페인에 남은 마지막 이슬람 왕국인 그라나다를 정복하였고, 교황은 이들에게 '가톨릭 부부 왕'이라는 칭호를 내리게 되었다.

그라나다 대성당 (Granada Cathedral)
원래 이슬람 사원인 모스크가 있던 자리에 들어선 성당으로 1523년부터 1703년까지 180여 년에 걸쳐 완성되었으며, 탑은 아직도 미완성인 채로 남아 있다. 처음에는 고딕 양식으로 건축하기 시작하였으나 완성 시에 르네상스 양식이 가미되었다. 또한 이 지역을 오랫동안 지배했던 이슬람교도들의 영향으로 내부 장식에는 무데하르 양식도 활용되었다. 그라나다 대성당의 내부는 르네상스 예술의 걸작이라 할 수 있고, 화려하게 금박을 입힌 거대한 18세기 오르간 2대가 내부에 있다.

멩코 공연장으로 알려져 있어 관람 계획을 세워두었던 터였다.

레 치엔 안달로우 직원은 다정한 말씨로 좋은 자리, 좋은 가격으로 기억에 남는 공연을 볼 수 있는 동굴 플라멩코 극장이라고 설명을 해 주었다. 여행사에서 안내하는 동굴 플라멩코는 입장료에 바가지를 씌운다고 한다. 생각해보니 숙소에서 안내해 준 플라멩코 공연비용은 30유로였는데, 이곳은 12유로에 불과했다.

물론 3번째 줄 의자의 비용이다. 첫 번째 줄은 20유로였는데 누군가가 이미 예약하였다고 한다. 결국 선택의 여지없이 9시 공연 3번째 줄 좌석으로 예약했다. 다음 방문지는 집을 수리하던 중 아랍인들이 사용하던 욕장이 발견되어 관광지가 된 아랍 욕장이다. 그러나 아랍 욕장의 문은 굳게 닫혀있었다. 다로 강변을 구경하면서 걷다 보니 저녁 6시가 되었다. 곧 노을이 물들어 갈 시간이라 서둘러 산 리콜라스 전망대로 향했다.

다로 강변길

다로강변에서 본 알함브라

알바이신 지구와 산 니콜라스 전망대

다로 강변을 따라 올라가다 왼쪽 골목으로 들어가면 알바이신 지구다. 세계문화유산에 등재되었기 때문인지 비교적 깨끗하게 잘 정비해 놓았다. 무어인들이 살았던 시대의 주택들이 보존되어 전해져 오는 지역으로서 몇백 년이 넘는 역사를 가졌다. 아기자기하게 만들어 놓은 골목, 주택과 대문들이 깨끗한 달동네를 연상케 한다. 우리나라의 달동네는 짧은 시기에 나타났다가 재개발로 사라졌지만, 어렸을 적 미로처럼 만들어진 달동네 골목을 다니며 신기했던 기억이 난다. 알바이신 지구가 바로 그런 기억을 되살리게 해주는 지역이라고 할 수 있을 것이다. 또한 과거에 마차가 다닐 수 있도록 만들어 놓은 포장도로의 돌들이 닳고 닳아 반들반들해진 걸 보면 세월의 흔적을 느낄 수 있다. 지금은 차 한 대가 일방통행으로 다닐 수 있는 길이 되어 수시로 승용차가 지나가는 것을 볼 수 있다. 좁은 골목이 많은 알바이신 지구에서 위쪽 방향으로 걸어가면 산 니콜라스 전망대가 나온다.

산 니콜라스 전망대는 알함브라 궁전을 구경하기에 좋은 위치에 자리하고 있어 해질녘에 방문하면 노을빛에 물드는 아름다운 그라나다 구도심과 알함브라 궁전을 동시에 볼 수 있다. 이미 많은 사람이 산 니콜라스 전망대의 담장에 걸터앉아 노을을 기다리고 있다.

산 니콜라스 전망대 아래쪽에는 노천카페가 있다. 카페 의자에 앉아 노을을 보는 것은 더 편하고 분위기가 좋을 것 같아 빈 테이블을 찾았다. 가장 좋은 자리는 이미 젊은 한국인 부부가 자리하고 있었고 우리는 그 옆자리에 앉았다. 황토색 건물의 알함브라 궁전이 카페의 메인 전망이다. 알함브라 궁전 너머에는 눈으로 덮인 하얀 설산이 보이는데 시에라네바다 산맥이다. 오른쪽으로 살짝 방향을 틀면 넓은 평지에 그라나다 시내가 자리하고 있고, 그 너머엔 산등선이 좌우로 펼쳐져 있다. 해는 이 산등선을 향해서 떨어지고 있었다. 저녁노을이 물들기를 기다리며 커피와 핫초코를 2잔씩 주문하여 조용히 알함브라를 감상하는 여유를 즐겼다.

해가 조금씩 더 기울어 갈수록 공기는 쌀쌀해지고 어두워질수록 서쪽 하늘은 붉게 물들어 간다. 잠시 후 해는 산등선에 닿기 시작했고, 구경나온 사람들은 연신 카메라 셔터를 눌러댄다. 산에 걸치는 듯하던 태양은 불과 몇 초 만에 산 아래로 들어가 버렸다. 린과 예린은 해가 산 너머로 사라지는 광경을 처음 봤는지 신기하다고 한다. 어느 순간 알함브라 궁전은 조명에 비쳐 노란색 혹은 오렌지 색으로 빛나고 있다. 시시각각 변하는 밝기에 따라 카페는 카메라 셔터 소리와 플래

시 불빛으로 어수선하다. 시간의 흐름에 어둠은 점점 더 짙어진다. 하늘이 완전히 어두워지고서야 끊이지 않던 카메라 셔터 소리는 조용해진다. 사람들이 서서히 자리를 떠나자 옆자리에 앉아 있던 한국인 부부도 작별인사를 하며 자리를 떴다. 아름다운 노을의 여운이 가실 무렵 우리도 산 니콜라스 전망대를 떠났다.

어두워진 알바이신 밤거리를 걷는 것은 묘한 기분이 든다. 조약돌로 포장한 도로부터 주택의 지붕, 벽, 대문의 일반적인 중세풍과는 다른 분위기 때문이다. 야간에 가이드 투어를 하는 한국인들도 만났다. 길을 걷다 보면 물 흐르는 소리가 들리는데, 가이드 말에 의하면 아랍인들이 시에라네바다 산맥의 만년설에서 끌어온 상수도 물이라고 한다. 저녁 8시가 되어서야 누에보 광장 앞에 있는 숙소에 들어갔다. 플라멩코 공연이 9시 30분에 예약되어 있어 저녁 식사 후 짧은 휴식 시간을 가졌다.

산 니콜라스 전망대 앞 카페

알함브라 일몰 순간   알함브라궁과 눈 덮힌 시에라 네바다 산맥

알함브라 궁전 야경

플라멩코 동굴극장
레 치엔 안달로우

　숙소에서 휴식을 마치고 공연 10분 전에 레 치엔 안달로우(Le Chien Andalou)에 도착했다. 앞자리엔 어린이가 있는 사람들이 앉았고 우리는 3번째 줄에 앉아 관람을 준비했다. 세 번째 줄에 앉았지만 아이들은 높은 의자에 앉게 하여 린과 예린은 관람하는 데 지장이 없었다. 좁은 실내에서 웨이터가 음료수 주문을 받으러 다닌다. 린과 예린은 주스, 우리 부부는 맥주를 1잔씩 주문했고, 바로 옆자리에 앉은 아르헨티나 청년도 맥주를 1잔 주문하였다. 청년은 스페인을 두 번째 방문한 것이고 플라멩코 관람도 두 번째라며 자랑을 한다. 곧이어 기타연주와 함께 공연이 시작되었다.

　플라멩코 기타연주는 그동안 내가 보지 못했던 주법이다. 스트로

레 치엔 안달로우 입구　　　　　　　　　　　　무대

크 주법은 당연히 아니고 뜯는 주법도 아니다. 손가락을 줄에 튕겨서 경쾌한 소리를 만드는데, 무슨 주법인지 잘 모르겠다. 손가락의 현란한 움직임을 보면 평생 기타만 연주했을 것 같다. 옆에 앉아 있는 남자 가수는 열심히 박수를 치면서 애절한 노래를 부르지만, 무슨 말을 하고 있는지 모르기 때문에 노래의 줄거리를 파악하지 못하고 그냥 듣기만 했다.

우리나라의 명창이 춘향가를 부르는 공연에 외국인들이 느낌으로만 작품을 이해하는 것과 같은 상황으로 여겨진다. 플라멩코를 보고서 집시들의 한을 이해할 수 있다고 평가하는 이들이 많은데 이것만은 분명할 것이다. 언어가 분명해야만 공연에 들어있는 해학을 공감할 수 있다는 것이다. 의미를 이해하지 못하면 외국인들이 다 웃을 때 무슨 뜻인지도 모른 채 바보처럼 따라 웃기만 할 것이다. 린과 예린은 듣는 것보다 춤추는 것을 보고 싶었던지 춤을 기다렸다. 열심히 현란하게 역동적으로 흔들어대는 춤을 보면 흥이 나고 즐거워진다고 한다.

린은 "노래하는 여자는 어쩜 저렇게 뚱뚱할 수가 있을까? 노래를 얼마나 많이 했으면 허스키한 목소리만 나올까? 무용수의 얼굴은 젊지도 예쁘지도 않지만 몸매가 짱이다"라고 말한다.

1부 공연이 끝나고 잠깐 쉬는 시간이 주어졌다. 동굴 안은 떠드는 소리로 시끄럽게 변한다. 고교생들이 재미있는 영화를 보고 난 후 극장을 나올 때 신이 나서 즐겁게 재잘거리는 장면이 떠오르는 분위기이다.

곧 2부 공연이 시작되면서 관객들은 다시 조용해졌다. 춤이 시작되기 전부터 감정이입이 잔뜩 들어간 노래는 지루하게 느껴지기 시작하였고 졸음으로 이어졌다. 잠시 후 경쾌한 리듬에 맞춰 발로 춤을 추는 소리가 들리기 시작했다. 그제야 졸음이 사라졌다. 여자 무용수가 한참 동안 현란한 춤을 추기 시작한다. 뒤이어 박수를 치며 애절한 표정으로 구슬픈 노래를 부르는 남자가 등장하고 여자 무용수는 휴식을 하게 된다. 공연이 끝나자 가수와 무용수는 땀으로 범벅이 되었고, 관객들은 일제히 일어나 환호성을 지르니 작은 동굴 극장 안은 터질 것만 같았다.

공연은 11시에 끝이 나고 숙소로 걸어가는 길은 아쉬움이 많이 남는 분위기다. 예린이는 공연 중간에 졸아서 많이 보지는 못했다고 하고, 린과 아내는 춤이 별로 없어 기대했던 것만큼 재미있지는 않았다고 한다. 극장이 누에바 광장에서 멀지 않아 숙소로 돌아오는 길이 어렵지는 않았다. 린과 예린은 숙소에 들어가자마자 잠이 들었다.

그라나다에 왔으니 그라나다를 상징하는 알함브라 맥주 맛을 봐야 할 것 같아 아내와 함께 숙소를 나섰다. 누에바 광장 옆길을 따라가다 보면 쉽게 찾을 수 있는 슈퍼에 들어갔다. 늦은 시간임에도 불구하고 관광객들의 왕래가 잦기 때문에 늦게까지 영업하는 상가나 술집이 많았다. 그라나다에서 타파스 가게에 들어가 즐겨보고 싶은 마음도 굴뚝같았으나, 내일 아침 일찍부터 알함브라 궁전에 가야 하는 일정 때문에 무리하지 않고 간단히 맥주 한잔으로 만족하고 쉬어야 할 것 같았다.

TIPS!! 플라멩코

스페인 남부 안달루시아 지방에서 집시들이 즐겨 추던 춤과 음악을 플라멩코라고 한다. 안달루시아 지방의 전통적인 민요와 향토 무용, 그리고 기타 반주 세 가지가 일체가 되어 형성하는 민족예술이다. 보통 '정열의 나라 스페인의 심장'이라고 불리는 이 지방의 개성적인 민족 감정과 기백이 풍부하고 힘차게 표현되어 있다. 보통 음악에 대해서는 칸테 플라멩코(Cante Flamenco), 무용에 대해서는 바일레 플라멩코(Baile Flamenco)라고 한다.

PORTUGAL

SPAIN

PART 08

그라나다와 코르도바

- 여행 7일 차 -

알함브라의 추억
알함브라 궁전

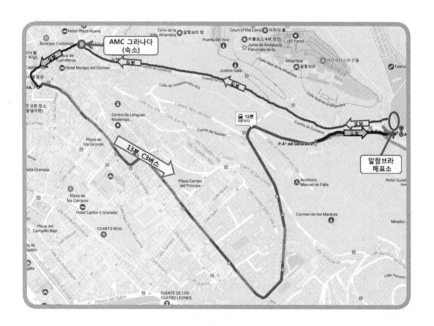

6시에 일어나 숙소에서 나선 시각은 7시 30분이다. 알함브라 궁전으로 가려면 이사벨 광장 근처에 있는 C3버스 정류장에서 미니버스를 타면 된다. 숙소에서 궁전 입구까지는 약 1㎞이므로 걸어가도 소요시간은 비슷하겠지만 아침 8시부터 오후 1시까지 장시간 동안 알함브라 궁전 내부를 둘러봐야 하므로 체력 안배를 위해 버스를 이용하기로 하였다. 알함브라 버스정류장에서 조금만 올라가면 좌측으로는 매표소가 있는데 그 옆에 입구가 있다. 개장 시간인 8시부터 한국 패키지 관광객들이 가이드를 따라 입장하는 모습이 보인다. 우리도 그들을 따라 알함브라 궁전에 입장했다.

막상 안으로 들어서자 이 넓은 궁전을 어디부터 어떻게 돌아봐야 할지 걱정이 앞선다. 이럴 때는 가이드 투어가 부럽다. 막연한 마음을 다잡고 안내표지판과 지도를 봐가며 계획한 순서대로 관람을 시작한다. 8시부터 알함브라 궁전의 입장이 시작되더라도 나르스궁의 입장 시간은 별도로 지정해야 한다. 티켓을 예약할 때 이미 10시 30분으로 선택했기 때문에 나르스 궁전과 먼 거리에 있는 헤네랄리페(General life) 궁전을 먼저 관람하기로 하였다.

그라나다는 고원에 위치한 탓에 안달루시아의 다른 도시와 달리 아침 공기가 매우 차갑다. 헤네랄리페 정원으로 가는 길가 벤치에는 서리가 내려 있고 고여 있는 물에는 살얼음이 얼었다. 하지만 햇볕이 따가울 정도로 강해서 추위는 서서히 녹아들었다. 곧 멋지게 조경한 사이프러스 나무 터널을 만나게 된다. 이 나무는 죽음을 뜻하는 동시에 영원한 삶을 나타내는 나무라고 해서 유럽 사람들은 주로 무덤가에 많이 심는다. 길바닥은 석류가 새겨진 자갈길이다. 그라나다는 '석류'라는 뜻을 가진 이름이다. 그래서 궁전 곳곳에 석류나무가 많이 심어져 있다.

사이프러스 나무 터널을 지나 궁전 안으로 들어가면 화단과 분수가 많은데 가장 화려하고 인상적인 곳은 물의 정원(Patio de la Acequia)

알함브라 이야기

알함브라 유적지는 서유럽에 존재하는 아랍 최고의 유적지로 알함브라 궁전과 헤네랄리페 별궁, 성채인 알카사바로 이루어져 있다. 이슬람 세력인 무어인들이 건설하였는데, 가톨릭 세력이 레콘키스타 운동을 벌이며 국토회복에 나섰다. 이에 이슬람 세력은 이베리아 반도의 마지막 거점인 그라나다로 밀려나게 되었다. 이들은 그라나다에 마지막 이슬람 왕조인 나자리스 왕조를 세우고 궁전을 짓기 시작했는데, 이 궁전이 바로 알함브라 궁전이다.

1492년 페르난도 왕과 이사벨 여왕이 알함브라를 공격하겠다는 뜻을 전하자 나자리스 왕조의 마지막 왕인 무하마드 12세(보아브딜)는 맞서 싸우기를 포기하고 알함브라를 파괴하지 말라는 협정을 맺었다. 그는 통한의 눈물을 흘리며 "스페인에서 왕국을 잃은 것은 아깝지 않지만 알함브라를 다시 볼 수 없는 것이 원통하다"고 말하면서 그라나다를 떠났다고 한다. 그래서 그가 눈물을 흘리며 넘었다는 알함브라 궁전의 맞은편 작은 언덕을 가리켜 '무어인의 한숨'이라고 부른다.

헤네랄리페 정원

헤네랄리페는 알함브라 궁전의 동쪽 높은 언덕에 그라나다 왕들의 피서를 위한 은둔처로서 별궁이다. 하얀색 벽으로 둘러싸인 이 궁전은 알함브라 궁전보다 50미터나 더 높은 서향 언덕에 위치하여 사방을 조망할 수 있을 뿐만 아니라 주위 경치가 아름답고 시원한 곳이어서 휴양지로서 이상적인 곳이다. 따라서 정원보다 건축 위주인 알함브라 궁전이 왕들의 상주 공간이라고 한다면, 헤네랄리페 궁전은 건물을 제외한 공간 전부가 정원이라 할 수 있다.

이다. 수많은 분수에서 뿜어져 나오는 가느다란 물줄기는 조잘거리는 물방울 소리를 내는데 합창하는 음악 소리와 같다. 물소리는 사람의 마음을 편안하게 안정시키는 심리치료 작용을 한다는데 정말 마음이 편안해짐을 느끼게 된다. 시선을 정원 밖으로 돌리면 건너편에 있는 알함브라 궁전을 볼 수 있다. 정원에서 적정 거리에 있는 알함브라 궁전을 바라보며 물소리를 들으면 서정 음악이 흐르는 것처럼 느껴져 누구든지 물의 연주에 빠져 감상을 하게 될 것이다. 언덕 위에 지어진 알함브라 궁전의 옆에는 알카사르 망루가 세워져 있고, 오른쪽으로는 그라나다 시내와 알바이신 지구가 보인다. 그라나다 시내는 시야를 가리는 고층 건물이 없고 하얀색 집들과 황토색 궁전이 조

헤네랄리페 전정(입구의 정원)의
사이프러스 나무

연꽃 모양 분수

팔각 모양 분수

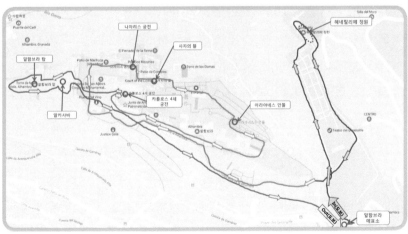

화를 이루고 있어 인공 구조물이 아닌 자연의 일부를 보는 것처럼 느껴진다.

정원의 한쪽 벽에는 안타까운 전설을 간직하고 있는 고사목이 있다. 전설에 따르면 근위대 귀족이 후궁과 사랑에 빠져 밤마다 이 나무 아래에서 몰래 키스를 나누며 사랑을 속삭였다고 한다. 이를 알게 된 왕은 진노하여 귀족을 즉시 참수하여 머리를 이 나무에 매달았고 나무는 뿌리를 잘라 고사시켜 버렸다. 이런 슬픈 전설 때문에 이 나무를 만지면 진실한 사랑을 이룰 수 있다는 이야기가 전해지고 있다.

물의 정원을 지나면 분수에서 나오는 물방울 떨어지는 소리는 그치고 물 흐르는 소리가 들린다. 물 흐르는 소리가 어디에서 나는지 몰라 한참을 두리번거리다, 마침내 계단의 벽 손잡이에 해당하는 부분의 홈에서 물이 흐르고 있는 것을 찾게 되었다. 전혀 예상치 못했던 작품이다. 계단참마다 조그만 분수가 만들어져 있고, 이 물은 아래 있는 계단참에 있는 분수로 이어진다. 물의 정원, 물의 계단 그리고 물과 관련한 모든 구조물의 설계가 고저 차이에 의한 물의 압력을 이용하도록 설계되었다. 그래서 모터 펌프와 같은 기계장치를 사용하지 않고도 1년 내내 분수에서 물이 나온다고 한다. 이 물은 하얗게 눈으로 쌓여 있는 시에라 네바다 산맥에서 끌어왔다. 물의 흐름을 이용한 정원은 아기자기하면서 최대한 자연과 함께할 수 있도록 설계되어 있어 마음의 안정과 편안함을 주는 효과가 있다.

물의 계단을 지나면 나무 터널이 나온다. 자갈로 포장된 이 길을 걸으면 몸과 마음이 정화되는 듯 맑은 기분을 느낀다.

나자리스 궁전 입장 시간이 10시 30분으로 예약되어 있어 아름다운 헤네랄리페 정원의 산책을 끝내고 알함브라 궁전으로 이동한다.

나자리스 궁전

나자리스 궁전(Palacious Nazaries)으로 가는 길에 무어인들의 목욕장에 들렀다. 목욕장에도 조그만 분수가 있고 넓은 욕조 탕은 채광이 잘 되도록 설계되어 있었다. 혹시 우리의 목욕탕 문화가 아랍 문화에서 전래되었을지도 모른다는 생각을 한다. 목욕장에서 나오면 카를로스 4세 궁전이 보인다. 나자리스 궁전에 입장하면 간식 시간을 가질 수 없고, 화장실도 갈 수 없을 것 같아 카를로스 4세 궁전 옆에서 휴식시간을 갖기로 했다.

앉을 벤치가 없어 궁전 벽면의 턱에 걸터앉아 쉬었다. 헤네랄리페 정원에 있을 때보다 훨씬 많은 관광객들의 이모저모를 보게 된다. 물론 한국인 패키지 관광객들도 많았다. 자유시간이 주어진 한국인 중 몇 명은 우리 가족이 앉아 있는 턱에 큰 숨을 내쉬며 앉았다. 그들은 여행의 즐거움보다 쉴 틈 없이 진행하는 가이드의 빡빡한 일정에 대한 불만을 늘어놓는다. 쉬는 시간이 끝났던지 가이드가 부르는 소리가 들렸고, 그들은 다른 일정을 진행해야 한다며 금방 자리를 떴다. 이들을 본 후, 우리 가족은 일정이나 행동에 구속받지 않고 충분한 자유를 누리며 여행을 하고 있다는 것에 기분이 절로 좋아졌다.

목욕장

관광객들은 나자리스 궁 입장을 위해 카를로스 4
세 궁전 앞 정원에서 정해진 시간에 맞춰 줄을 선다.
이는 입장객 수를 제한하기 위한 조치라고 한다. 미
리 예약하지 않으면 원하는 시간대를 선택할 수 없
을 뿐만 아니라 입장 자체를 하지 못하게 된다(나자리
스 궁전에 관한 해설은 부록 2에 실었다).

아무리 화려하고 아름다운 작품이라고 하더라도
오랫동안 보다 보면 지루한 시간이 되는 것은 어쩔 수 없는 것 같다.
나자리스 궁전 관람이 그랬다. 이 궁전은 지금까지 봐왔던 유적과는
달리 몇 가지 색다른 특징이 있다. 스페인의 카테드랄은 호화롭고 화
려하다. 아름답다는 표현보다 엄숙하고 웅장한 느낌이 든다. 또한 대
부분 예수님과 관계된 인물 조각상들에 의미를 부여하여 만들었다.
어떻게 보면 무당집 성격이 강하게 느껴지는데 이것이 나 혼자만의
생각일까? 스페인 카테드랄에서 받은 느낌은 이러했다.

이에 반해 알함브라에서 본 나자리스 궁전은 황토색 계통의 색상이
일반적이고, 조각처럼 새겨 놓은 벽 무늬는 소박하면서 세밀하고 정
교하다. 왠지 모르게 편안하게 느껴지는 기분이다. 이 벽 무늬는 단
순히 그려놓은 것이 아니라 이슬람 교리가 적혀져 있고 신을 찬양하
는 무늬라고 하니 신을 찬양하는 방법에 따라 건축 양식이 완전히 달
리 만들어진다는 것을 알 수 있다. 이런 벽 무늬 조각을 자세히 들여
다 보면 벽지 모양을 연상시키기도 한다. 아마 벽지 무늬 중에는 분
명 나자리스 궁이나 다른 이슬람 궁에서 차용한 무늬들이 상당할 것
같다는 생각을 하였다.

알카사바와 카를로스 5세 궁전

알카사바(Alcazaba)

알카사바는 성곽도시 안의 성채를 뜻하는 아랍어에서 유래되었다. 알함브라 궁전에서 가장 오래된 건물로서 알함브라의 나머지 영역과 완전히 구별된 초기 성채도시이다. 9~13세기에 지어진 알카사바는 전성기 시절 24개 망루와 군인 숙소, 창고, 목욕탕까지 있었던 곳이었는데 현재는 그 자취만 남아 있다. 알카사바 외곽에는 여러 개의 전망 탑이 있고, 북쪽 끝 벨라 탑은 히랄다 탑과 더불어 무어 시대 최고의 탑으로 평가받고 있다.

카를로스 5세 궁전

이탈리아가 아닌 지역의 최초 르네상스 양식 건축물로서 콜로세움과 같은 원형의 안쪽 회랑이 인상적이다. 알함브라 궁전의 다른 건축물과 완전히 다른 분위기이며 1층은 도리아식 기둥, 2층은 이오니아식 기둥이다. 가톨릭 세력이 그라나다를 점령했을 당시 신성로마제국의 황제였던 카를로스 5세가 이곳을 방문했고, 그는 이슬람 건축에 대항하기 위해 알함브라 궁전의 측면을 허물고 르네상스 양식의 궁전을 짓게 되었다. 알함브라 궁전보다 더 멋진 궁전을 짓겠다고 시도하였으나 알함브라 궁전과 가장 어울리지 않는 건축물이 되었다.

카를로스 5세 궁전은 정사각형 모양의 외부와는 달리 내부는 동그란 원형의 회랑으로 로마시대의 원형극장 모습과 유사하다. 동그란 원 모양을 하고 있기 때문에 소리의 울림이 매우 뛰어나 매년 여름 이곳에서 그라나다 음악제가 열린다고 한다. 린과 예린은 나자리스 궁보다 탁 트인 공간의 카를로스 5세 궁전이 더 마음에 든다고 한다. 나자리스 궁전이 아름답기는 하지만 지루함이 더 컸던 것 같다.

31 | 오메나혜 탑&아마리스 광장 32 | 알카사바(벨라탑) 33 | 원형의 회랑이 로마 원형극장과 유사하다 보니 음향 효과가 좋다. 34 | 카를로스 5세 궁전 (1층 도리아식 기둥, 2층 이오니아식 기둥) 35 | 알함브라 입구 36 | Bar Los Diamantes 37 | 점심 메뉴로 나온 새우, 오징어, 주꾸미 요리

　　카를로스 5세 궁전 관람을 마치고 알함브라를 떠났다. 아침 일찍부터 시작한 알함브라 관람시간은 5시간 이상 걸쳐 진행되었다. 그러나 패키지 여행을 하는 관광객들은 2~3시간 만에 관람을 끝내고 떠난다고 한다. 개인적인 생각으로 알함브라를 자세하게 관람하는 데는 하루 이상의 시간이 필요할 것 같다. 또한 시간이 허락된다면 관람보다는 소풍 장소로 적당하다는 생각을 하게 된다. 아름다운 정원과 전망대, 연못 주변에서 하루를 보낸다면 좋은 휴식시간이 될 것 같다. 시간적 여유를 갖게 된다면 알함브라를 포함한 그라나다에서 유유자

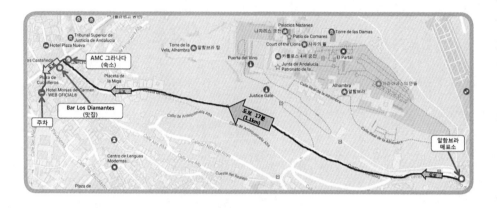

적하게 며칠이든 머물다 갈 생각을 하였다.

와인 문을 지나 알함브라 외곽을 산책하면서 출구로 나가면 알함
브라와 작별하게 된다. 알함브라 입구에서 누에보 광장까지는 가볍게
걸어갈 수 있는 내리막길이다. 걷다 보면 길옆 배수로에 물이 흐르는
소리가 들리고, 곳곳에 잘 가꾸어 놓은 조경이 늘어서 있어 산책로
로 좋다.

점심식사를 위해 한국인들이 자주 찾는 바르 로스 디아만테스(Bar
Los Diamantes)라는 타파스 맛집을 인터넷 검색으로 찾았다. 이 타파
스 가게는 맛이 좋지만 가격도 저렴하다. 등잔 밑이 어둡다는 말처럼
숙소 옆에 위치한 이 맛집에 대한 정보가 없어 멀리까지 찾느라 괜한
체력과 시간을 낭비하였다. 숙소 AMC 그라나다로 돌아와 짐을 찾고
주차장으로 향했다.

주차장을 나와 좌회전하면 이사벨 광장을 통과하게 되고, 약 5분
만에 고속도로(A-44)를 만난다. 그라나다에서 14시 40분에 출발하여
코르도바에 16시 30분에 도착했다.

안달루시아의 중심
코르도바

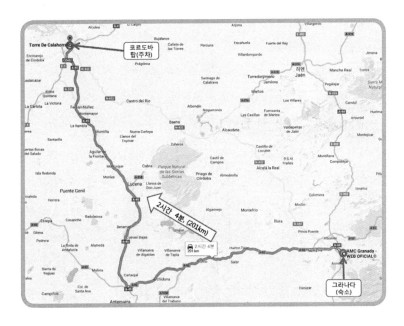

코르도바(Cordoba)는 북쪽의 시에라모레나 산맥과 남쪽의 시에라네
바다 산맥 사이에 위치해 있는 안달루시아 저지대 지역으로 8세기 무
렵 이곳을 점령한 무어인에 의해 황금기를 누렸다. 당시 건설된 300
여 개의 모스크, 수많은 궁전, 공공건물은 콘스탄티노플과 다마스쿠
스, 바그다드 등과 어깨를 나란히 하였다. 그중에서도 가장 유명한

대 모스크(Great Mosque)는 13세기에 대성당과 새로운 방어 구조물로 개조되었다. 방어용 구조물로 망루 구실을 하던 칼라오라 탑과 알카사르가 유명하다.

고속도로 주변은 대부분 밀과 올리브나무가 자라는 넓은 언덕으로 된 지형이다. 1시간쯤 달리다 보면 하얀 눈이 쌓여 있는 산들을 볼 수도 있고 산을 우회하여 멀어지면 다시 넓은 평야가 나타난다. 잠시 후 고속도로에 차량이 많아지면서 코르도바 근교에 가까워졌음을 알 수 있게 된다.

카라오라탑에서 그리 멀지 않은 위치에 빈 주차 공간을 찾았다. 주차요금이 있는 지역일 수도 있으므로 주변에 안내 표시판이 있는지 확인해 보았다. 안내 글이 있음에도 불구하고 기본적인 스페인어도 모르는 까막눈이라 뜻을 알 수 없었다. 지나가는 아기 엄마에게 무슨 뜻인지 물어보았더니 '주차 후 다음날이 되면 요금을 부과한다'라고 설명해주었다.

즉, 주차 후 당일에 떠나기만 한다면 전혀 문제가 없다는 설명이다. 린은 가로수 나무의 탐스럽게 잘 익은 오렌지를 먹어보고 싶다며 오렌지를 따 달라고 한다. 키가 겨우 닿는 위치의 건실한 오렌지 2개를 골라 따주었다. 아내가 먼저 오렌지를 먹어보더니 못 먹을 걸 먹은 것처럼 얼굴 표정이 엉클어졌다. 엄마가 왜 그러는지 궁금하다며 옆에서 지켜보던 린도 호기심 가득한 표정으로 오렌지의 맛을 보았다.

"아이 셔!"

린은 소리를 지르며 입 안에 있던 오렌지를 모두 뱉어낸다. 호기심이 발동한 예린이도 오렌지를 먹어 보고 곧바로 뱉어낸다. 이런 일이 일어날 줄 뻔히 알고 있었다. 먹을 만한 오렌지가 아니기에 사람의 손을 타지 않는 것이다. 가로수 오렌지나무에 열매가 주렁주렁 매달려 있는 이유가 있는 법이다.

한바탕 오렌지 소동을 벌이는 동안 카라오라탑에 이르게 되었다. 망루 역할을 했다는 카라오라탑은 그다지 높지는 않다. 그러나 일대가 대부분 평야라 그 정도의 높이면 감시하는 망루로서 충분한 역할을 할 수 있었을 것이라 생각한다. 로마교 남단에 위치한 카라오라탑은 알폰소 11세에 의해 이슬람 왕궁 유적지에 건설된 요새 알카사르의 성벽의 일부다. 그리고 과달키비르강 건너편에는 메스키타가 있다. 코르도바 유적지는 이 근처에 모두 몰려 있다. 과달키비르강에 놓인 로마교도 유명한 코르도바의 유적이다.

산책하듯 로마교를 걷다가 스페인 국기를 들고 있는 남녀를 만났다. 우리는 그들에게 스페인 국기를 빌렸고 기념사진까지 찍어 달라고 부탁했다. 그들은 흔쾌히 우리의 요구를 들어주었다. 언어가 통하지 않아 별다른 대화는 할 수 없었기에 그저 "그라시아스(감사합니다)"라는 말만 했는데도 친밀감을 드러내 준다. 스페인 국기의 문장에는 많은 의미가 담겨 있다. 문양마다 의미가 있어 국기라는 것이 그저 쉽게 만들어지는 것이 아님을 알 수 있다.

스페인 국기를 빌려 한 컷

국기의 황금색은 국토, 적색은 나라를 위해 흘린 피를 상징한다. 황금색 위에 있는 국가 문장은 다음과 같은 상징적 의미를 지니고 있다. 네 등분된 방패 문양 중 좌측 위의 성은 카스티야 왕국, 우측 위의 사자는 레온 왕국, 좌측 아래의 네 개의 적색 세로줄은 아라곤 왕국, 우측 아래의 황금색 쇠줄은 나바라 왕국을 각각 나타낸다. 석류꽃은 그라나다, 중앙의 세 개의 나리꽃은 현재의 왕실인 부르봉 가문을 상징한다. 방패 문양 위의 왕관은 왕실의 관으로 왼쪽 기둥 위에도 있으며 오른쪽 기둥 위의 왕관은 황제의 관을 나타낸다. 양쪽에 있는 기둥은 소위 헤라클레스의 기둥으로 지브롤터와 세우타를 뜻하며 여기에 감겨 있는 두루마리에는 '보다 먼 세계로'라는 뜻의 '플루스 울트라(PLVS VLTRA)'라는 표어가 쓰여 있다. 과거 중세 때 아메리카 대륙을 발견하기 전까지는 지브롤터를 넘어 더 이상의 땅이 없었기 때문에 '이곳을 지나면 아무것도 없다'라는 뜻의 '논 플루스 울트라(NON PLUS ULTRA)'라고 적어 놓았다고 하는데, 아메리카 대륙을 발견한 후에 '보다 먼 세상으로(PLVS VLTRA)'라고 고쳤다. 스페인의 왕이자 신성로마제국의 황제 카를 5세의 좌우명이었던 '플루스 울트라(Plus Ultra)'는 대서양을 넘어 이미 확보한 해외 식민지에 더하여 더 큰 세상으로 스페인의 영향력을 넓히자는 야망을 담은 표어다.

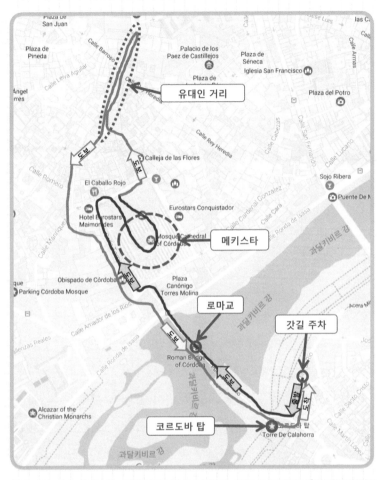

트리옴팔 아치

라파엘 기념비
(삼위일체 탑이라 불리기도 함)

코르도바도 그라나다 못지않게 역사적으로 중요하고 유명한 도시라고 할 수 있다. 특히 메스키타라는 걸출한 유적이 있으므로 그냥 지나칠 수 없었다. 로마교를 건너 트리움팔 아치(Triumphal Arch)를 통과하면 코르도바 유적탐방을 이끌게 한 메스키타가 바로 앞에 위치하게 된다. 왼쪽에는 라파엘 기념비가 있다. 우뚝 솟은 모습 때문에 시선을 끄는 라파엘 기념비는 높은 기둥 위에 코르도바 수호성인 천사 라파엘의 동상이 있고 중간에는 코르도바의 순교자 성 빅토리아, 성 바바라, 성 아시스클로라의 조각상이 있다. 라파엘 기념비는 삼위일체 탑이라 불리기도 하는데 코르도바 시민들은 이곳을 지날 때 예의를 갖춘다고 한다.

기념비 앞에서 마차를 끌고 있는 마부 2명이 호객행위를 하고 있었는데 그들을 피해 메스키타 정문을 찾아 걸었다. 메스키타는 많은 출입문을 두고 있지만 북쪽에 무데하르식으로 만든 정문이 있다(입장료: 성인 5유로, 어린이 무료).

정문을 통과하면 오렌지 나무가 심어진 넓은 안뜰(Patio de los Naranjos)이 있다. 메스키타는 대단한 유명세와는 달리 그라나다처럼 관광객이 많지 않았다. 특히 한국인들이 눈에 띄지 않았다. 요금을 추가하면 종탑(Torre Campanario)에 올라갈 수도 있는데, 늦은 시간이라 종탑 입장은 불가하다며 매표소 직원이 입장권을 주지 않았다. 이슬람 사원의 모습을 하고 있는 메스키타는 사원에서 기도를 하기 전 세수를 하는 장소로 여러 곳에 분수와 연못을 두고 있다. 또한 사원 건물이 있는 남쪽을 제외하고는 무데하르식 아치가 있는 회랑으로 둘러싸여 있다. 회랑은 주로 햇살을 피하는 휴식공간이었을 것이다.

이슬람교도의 예배 방향을 알리는
미흐랍(Mihrab, 메카를 가리킴)

종탑

말굽 모양의 아치

제단

섬세하고 화려한 천정 무늬

메스키타에 들어가면 돌기둥들이 숲속의 나무처럼 서 있는 것을 볼 수 있다. 사그라다 파밀리아 성당의 경우 내부를 큰 나무의 거대한 기둥처럼 설계하여 마치 정자나무의 그늘 아래 서있는 듯하다. 그런데 코르도바의 메스키타는 작은 나무들이 빽빽이 들어선 숲속을 연상시킨다. 내부 밝기는 어두운 편이라 엄숙한 분위기가 느껴진다. 기둥은 대부분 화강암으로 되어 있고 아치는 흰색과 붉은색 돌로 되어 있다. 자세히 들여다보면 오래된 화강암도 있지만 보수되어 새것으로 교체된 기둥도 있다. 콘크리트로 만들어진 아치에 흰색과 붉은색 페인트를 칠해 놓은 것들도 있다. 자세히 관찰해보면 대리석 바닥재는 오래된 것들과 새것들이 혼재해 있음을 알 수 있다. 메스키타를 둘러보면 보수공사 사진들이 전시된 공간도 있다. 이런 전시물들로 미루어 추측하건대, 계속해서 유지보수 공사를 하고 있다는 것을 알 수 있다. 수백 년의 시간이 흘렀어도 깨끗하게 보존이 되고 있는 이유다.

언제부턴가 성당 관람은 린과 예린에게 그다지 흥미를 제공해주지 못했다. 하지만 코르도바의 메스키타 내부 관람은 신기하고 재미있다고 한다. 내부에 856개나 되는 기둥이 있는 건물은 지금까지 보지 못했던 색다른 구경거리가 되었을 것이다. 또한 이슬람 문화 유산이 이토록 훌륭한 유적으로 남아 있다는 점에 대해서도 놀라움을 감추지 못하는 것 같았다.

메스키타 중심부에는 기독교 예배당이 있다. 중간 통로에 신자들을 위한 의자가 있고 양쪽으로는 제단이 있는데, 예수상을 비롯한 작품들은 대단히 화려하면서 엄숙하고 위압적인 느낌이 든다. 제단 옆에는 많은 정성을 들여 제작했을 것으로 여겨지는 접이식 의자가 나란히 있다. 나중에 알아보니 호두나무로 만든 성가대석 귀족들의 의자라고 한다.

이슬람 종교의 실체인 작품 혹은 건축물 내부에 적대적 종교 관계의 기독교 예배당을 만든 이 모습이 오월동주라고 할 수는 없을 것 같아 보인다. 그렇다고 기생하는 것도 아니기 때문에 보는 이에게 많은 흥미를 더해줄 것이다.

유대인 지구

메스키타 내부 관람은 20~30분이면 충분한 것 같다. 오후 6시가 될 무렵 근처에 있는 유대인 지구를 찾았다. 그라나다의 알바이신 지구, 미하스의 거리를 다녔던 감상이 아직 남아 있어서인지 비슷한 모습의 유대인 거리는 특별히 이색적인 느낌은 없다. 유대인 지구가 관광지로 바뀌다 보니 아무래도 기념품과 관련한 상점들이 많이 들어서 있다.

코르도바와 작별하기 위해 건너는 로마교 풍경은 아름다웠다. 과달키비르강물은 계속 흘러가서 세비야까지 이르게 된다. 이렇듯 과달키비르강은 역사적으로 유명한 도시들을 만든 젖줄과 같은 역할을 했기 때문인지 생명력이 가득해 보인다. 로마교 위에 서서 해가 지는 노을과 강물에 반사되어 반짝이는 노을빛을 보게 된다. 그 아름다움 때문에 마음은 평화롭고 잔잔해진다. 로마교 위에서 석양빛으로 점점 익어가는 코르도바와 작별을 하였다.

영원한 미로와 같다는 돌기둥의 숲

메스키타 왕의 문

메스키타 입구

코르도바 과달키비르강

은하수 흐르는 밤하늘

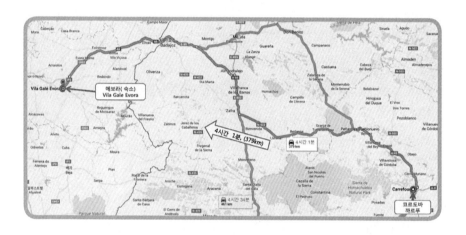

코르도바를 떠나 에보라까지는 자동차로 4시간 거리다. 코르도바 북쪽으로 A-45번 국도를 타고 가다 보면 아름답기로 유명한 라 시에르라 데 오르나추엘로스 자연공원이라는 곳을 통과하게 된다. 하지만 2차선 고속도로에서 보이는 것은 밤하늘의 별밖에 없다. 피곤한 탓에 운전을 하다 말고 2번 정도 휴식을 하게 되었는데, 쉴 때마다 밤하늘을 찬란하게 수놓은 별과 은하수를 구경할 수 있었다. 이렇게 또렷한 은하수는 어렸을 때 고향에서 몇 번 본 이후로 처음인 것 같다. 서울에서 태어나고 자란 아내는 이렇게 많은 별을 보는 것이 처음이라고 한다. 청명한 가을 하늘보다 더 깨끗한 밤하늘의 별을 볼 수 있는 것이 소중한 추억이 될 것이라는 아내의 말이 잔잔하게 내 귀에 들려온다.

　새벽 1시가 다 되어 에보라에 도착하였다. 너무 늦은 시간이라 체크인이 가능할지 걱정이 되었는데, 포르투갈 시각은 스페인보다 1시간이 늦기 때문에 12시가 되기 전에 호텔에 도착한 셈이 되었다. 늦은 시간까지 남아서 마지막 손님을 기다려 주는 프런트 직원들을 보니 불안했던 마음이 가라앉게 되었고 장시간 운전에 따른 긴장도 저절로 풀렸다.

PART 09

포르투갈

- 여행 8일 차 -

빌라 갈레 에보라
에보라 숙소

에보라 숙소인 빌라 갈레 에보라는 수영장과 각종 편의 시설이 완비된 초현대식 호텔이다. 숙소 베란다를 열면 안뜰에 있는 수영장으로 바로 나갈 수 있도록 연계되어 있다. 지금까지 유럽에서 숙박해본 호텔 중 가장 고급스럽다고 할 수 있다. 린과 예린은 일찍 일어나서 베란다로 나가 호텔 주변을 산책하고 돌아왔다. 이 호텔의 숙박에는 조식이 포함되어 있어 1층 레스토랑에서 아침식사를 하였다.

에보라 숙소는 2박이므로 중요한 물건을 제외한 짐은 숙소에 남겨두고 8시 10분에 신트라를 향해 출발했다. 에보라 외곽으로 빠져나가면 A-6 고속도로를 타고 리스본으로 가게 된다. 스페인은 대부분 넓은 평야에 밀밭이나 올리브나무가 심어져 있는 반면, 포르투갈은 숲이 많고 야트막한 산들도 간간히 보인다. 초원 같은 벌판이 있는 곳을 지날 때는 방목하고 있는 말과 소도 볼 수 있다.

리스본 근처에 왔을 땐 비가 내리고 안개가 시야를 가리기 시작하였다. 곧이어 10m 앞을 보기 힘들 정도로 시계가 좋지 않았다. 무어

객실과 연결된 야외 수영장
빌라 갈레 에보라

성이 있는 산을 올라가 일생에 처음으로 대서양을 보게 될 것인데 좋지 않은 날씨 때문에 계획이 망가질 수 있어 걱정되었다. 이런 상황에서 타구스 강에 놓인 바스코 다 가마 다리를 통과한다. 이 다리는 총 17.2㎞로 유럽에서 가장 긴 교량으로 알려져 있다. 유럽인 최초로 인도 항로를 발견한 포르투갈의 항해사 바스코 다 가마를 기념하기 위해 다리 이름을 지은 것이다. 바스코 다 가마 다리를 통과하니 안개가 서서히 걷히기 시작하였다. 다행히 일정에 차질 없이 여행을 할 수 있을 것 같았다.

신트라

신트라 왕궁을 방문할까 말까 고민을 하게 된다. 외부에서 봤을 때 특별히 화려하지 않아서 일반 건물과 큰 차이점을 느낄 수는 없다. 다만 굴뚝이라도 건물의 특징을 달리하고 있다. 하지만 우리는 얼마 남지 않은 거리의 무어성으로 곧장 달렸다. 왕복 2차선이라기에는 너무 비좁고 비탈진 산길을 운전하는 것이 상당히 부담스럽게 느껴졌다. 마주 오는 차가 있으면 폭이 넓은 길에서 비켜주기를 반복해야 하고, 특히 버스를 만났을 때는 더욱 난감한 상황이 벌어지게 된다. 조심스럽게 산비탈을 돌아 주차장이 있는 페냐 궁전까지 갔다.

그런데 페냐 궁전 입구에서 안내원이 길을 가로막았다. 주차장과 도로가 공사 중이므로 무어성 입구로 돌아가서 주차를 해야 한다고 한다. 무어성 입구로 되돌아가니 200m 떨어진 곳에 주차장이 있다. 가족들은 무어성 입구에서 기다리게 하고 주차를 하고 왔다.

아내는 티켓을 어떤 종류로 사야 할지 모르겠다며 망설이기만 하다가 내가 올 때까지 있었다. 여러 조건을 따져 보니 어느 요금이 유리한 조건인지 파악하는 게 쉽지는 않았다. 결국 선택한 요금은 무어성과 페냐궁전 통합권이었다(4인 패밀리 요금 57.97유로). 지금까지 방문한 지역 중 입장료가 가장 비싸다. 그리 높지 않은 포르투갈 물가와 비교하면 비싼 편이라고 할 수 있다.

신트라는 초기 이베리아인들 컬트(예배)의 중심지였고 무어인들의 정착지였으며 중세에는 수도사들의 은둔처였다. 그리고 19세기에는 유럽 낭만주의 건축의 교두보였다. 포르투갈의 신트라는 대항해 시대가 시작되면서식민지의 수탈로 이루어진 영광의 도시다.

신트라-카스카이스 자연공원 안에 자리한 신트라는 시인 바이런이 '찬란한 에덴'이라고 불렀을 만큼 옛 영광의흔적들이 가득하다. 바이런의 표현을 빌리자면 '다채로운 산과 계곡으로 이루어진 미궁들의 중재자'로서 숲속에 옛 왕궁인 신트라 성과 노이슈반슈타인성의 모델이 되었다는 페냐 궁전, 아름다운 정원 몬세라테 등 독특한정치가 가득하다.

신트라 왕궁

8세기 무어인들이 지은 신트라 왕궁은 긴 세월에 걸쳐 증축과 개축을 반복해온 만큼 무데하르, 고딕, 르네상스,마누엘 양식이 혼합되어 있다. 신트라 왕궁은 리스본의 더위로부터 피서를 하거나 사냥을 하기 위해 왕실 가족들이 머물던 옛 왕가의 여름 별장이었다. 이 왕궁에는 높이 솟아 있는 거대하고 뽀족한 두개의 원통형 탑(원뿔모양의 흰색 굴뚝)이 있다.

고대 유적 전시관

망루

무어성벽

무어성에서 본 신트라 왕궁

에덴동산에서 본 세상
무어성과 페냐 궁전

무어성에 오르는 길은 마치 산책로와 같아 가벼운 걸음으로 걸어
갈 수 있다. 멋진 숲속길을 걷다 보면 구석기 시대 유적과 인골을 원
형대로 보관한 전시관도 만날 수 있다. 그러나 그런 유적에는 별 관
심이 없으므로 무어성을 향해 빠르게 걸었다. 하루 일정의 시작이
라 린과 예린도 힘차게 걸었다. 잠시 후 무어성의 초소가 나왔다. 린
과 예린은 실망한다. 이렇게 조그마한 성벽을 보기 위해 여기까지 왔
냐며 투덜거리기만 한다. 얼마 후 넓은 운동장과 같은 평지가 나왔고
그 끝에 무어성벽이 있었다.

별거 없는 무어성을 보다 보니 포르투갈까지 왜 왔는지 생각하게
되었다. 그러나 가까워지는 성벽 위에 올라서는 순간 그동안의 불만
족스러움은 완전히 바뀌었다. 스펙터클한 광경이 눈앞에 펼쳐진 것
이다. 사방의 지평선과 수평선을 볼 수 있는 이곳에서 이토록 아름다
운 풍광을 보게 될 줄은 몰랐다. 멀리 신트라 시내와 신트라 궁이 보

이고, 더 멀리 대서양이 보인다. 성벽을 따라 돌계단이 늘어서 있고 운치 있는 초소와 망루도 보인다. 곳곳에 깃발이 펄럭이고 있는데 이 것은 역대 왕조의 깃발과 포르투갈 국기, 아랍의 깃발이라고 한다.

먼저 우측의 산 정상에 있는 초소를 향해 성벽 위를 걸었다. 조금씩 고도가 높아지면서 고소공포증으로 인해 다리가 시큰거리기 시작한다. 하지만 린과 예린은 재미있다며 신나게 뛰어다닌다. 사진을 찍어 달라며 여러 포즈와 몸짓으로 개그를 하며 한바탕 난리를 치르기도 한다. 우측 망루 정상에 올라 넓게 펼쳐진 포르투갈 땅과 대서양 바다를 바라보면서 포르투갈에 와 있음을 실감할 수 있었다.

초등학교 때 배운 이 나라는 유라시아 대륙의 끝에 위치하고 남한 면적과 비슷하다는 상상 속의 나라였다. 서구 선진국처럼 잘살지 못해 경제적으로 어렵다고 들었다. 하지만 자연환경이 좋아 경제 선진 국도 부럽지 않을 것 같아 보인다. 미세먼지가 하나도 없는 청정의 나라에 대하여 예찬하고 싶은 것들이 많다.

더욱이 이 나라도 한때 스페인과 더불어 세계 초강대국 대열에 올랐던 적이 있다. 그 흔적은 포르투갈어를 쓰는 브라질에 남아 있다. 그 밖에 포르투갈령 아소르스 제도, 마데이라 제도 지역 외에 아프리카의 베르데곶 제도, 상투메프린시페, 앙골라, 모잠비크, 인도의 고아&디우, 소(小)순다열도 중의 티모르, 기니비사우 등 해외의 옛 식민지, 중국의 마카오 등지에도 포르투갈어가 남아 있다. 언어는 지배했던 지역의 영역 표시라고 할 수 있을 것이다.

성벽에 일정 간격으로 세워진 망루에 올라서서 사방을 둘러보면 넓게 펼쳐진 포르투갈의 산야가 한눈에 들어온다. 망루에 있는 관광객들은 우리 가족을 포함한 한국인들이 다수인 것 같았다. 무어성과 페냐 궁전을 보기 위해 세비야에서 7시간 동안 심야버스를 타고 리스본에 온 후에 다시 대중교통을 이용하여 무어성에 왔다는 여행자도 있고, 며칠 동안 신트라에 머물고 있다는 여행자도 있다. 어젯밤 코르도바에서 출발하여 오늘 아침 신트라까지 온 우리 가족의 렌터카 여행은 시간과 금전적인 면에서 효율이 좋은 것 같다며 부러워한다.

오른쪽에 있는 망루보다 더 높은 왼쪽 망루 정상에 오르는 길은 한국인들과 동행하였다. 성벽을 따라 올라가는 트레킹은 한국에서 경험할 수 없는 자연환경이므로 그 독특함 덕에 즐거움이 몇 배로 커진다. 경사가 심한 성벽은 등에 땀이 흥건하게 밸 정도로 힘들었으나 정상에 오르면 멋진 풍경이 이에 대한 보상을 확실하게 해준다. 포르투갈의 산과 바다뿐만 아니라 건너편 산의 정상에 알록달록하게 색칠된 멋진 페냐 궁전도 시야에 들어온다. 상당한 거리에 있기 때문에 디테일한 모습까지 또렷하게 보이지는 않지만 충분히 멋지고 매력적인 모습을 감상할 수 있다. 탁 트인 전망과 무어성의 풍경만으로 밤새 차를 달려 포르투갈에 달려온 노력에 대하여 충분한 보상받는 듯하다.

어느덧 시간은 정오가 지나고 있다. 이제 페냐 궁전으로 가기 위해 하산을 시작해야 한다. 어렵게 느껴지는 트레킹 코스라 할지라도 즐겁기만 하면 힘든 줄 모르고 진행된다. 린과 예린이 즐기며 뛰어다니

TIPS!! 페냐 궁전

페냐 궁전은 낭만주의적 특징이 있다고 할 수 있다. 다양한 스타일의 초소와 전망대, 그리고 무어 양식의 타일 장식을 깐 불규칙한 테라스는 페냐 궁전만의 독특함을 보여준다. 외관 못지않게 내부도 호화롭게 꾸며져 있다. 가구나 생활 집기가 그대로 남아 있어 왕궁에서의 왕족 생활상을 그대로 볼 수 있다. 페냐 궁전은 1910년 포르투갈 국가 문화재에 등재되었으며, 1995년 신트라 전체가 유네스코 세계문화유산으로 지정되었다.

38

39

41

40

는 모습을 보니 무어성 트레킹이 한결 쉬워 보인다.

페냐 궁전에서 가장 인상적인 장식으로 아치형 입구 위의 창문을 받치고 있는 괴기스럽고 우화적인 모습의 트리톤(Triton) 형상을 한 부조다. 트리톤은 바다의 신 포세이돈의 아들로 상반신은 인간, 하반신은 물고기 모습을 한 바다신이다

무어성에서 200m 남짓 올라가면 페냐 공원(Parque da Pena)이다. 공원의 정문을 지나면 곧 페냐궁전(Palacio Nacional da Pena)으로 올라갈 수 있는데 돌로 포장한 지그재그 길은 산책로 같다. 물론 1유로의 요금으로 셔틀버스를 타고 갈 수도 있지만 주변 풍경을 구경하면서 느긋하게 걸어가기로 했다. 걸어 올라가다 보면 등에 땀이 맺힐 때쯤 페냐 궁전 정문에 이르게 된다. 성문을 통과했을 때 보이는 각양각색의 초소와 전망대들 그리고 스페인과 아랍 스타일의 타일 장식이 깔린 불규칙한 모양의 테라스들이 이 궁전을 독특한 모습으로 돋보이게 한다. 이슬람과 르네상스, 마누엘, 고딕, 바로크 양식까지 다양한 건축양식이 어우러져 있고, 노랑, 주황, 파랑, 파스텔 조의 다채로운 색채는 성을 더욱 눈에 띄게 한다. 장식타일인 아줄레주가 전체적으로 장식되어 있으므로 마치 동화에 나오는 성이나 놀이공원 같은 느낌을 주는 이국적이고 낭만적인 곳이다.

여행 일정에 포르투갈을 포함한 가장 큰 이유는 페냐 궁전을 보고 싶었기 때문이다. 여행을 준비할 때, 알록달록한 동화 속 궁전과 같은 페냐 궁전 사진을 보면서 린과 예린도 기대를 많이 했었다. 그러나 아이들에게 동화 속 궁전에 왔다는 꿈같은 느낌은 잠깐이었다. 놀이공원과 비슷한 페냐 궁전의 외모는 시간이 지날수록 관심 밖으로

멀어졌다. 산 정상에 위치한 궁전에서 보이는 아름다운 풍경이 더욱 흥미를 끌었다. 또한 전망이 훌륭한 무어성이 매우 좋았기 때문에 아이들은 페냐 궁전에서 느낀 감흥이 그다지 크지 않았다고 한다. 회색 돌로 만들어진 단순한 성벽의 무어성이 화려한 색칠의 페냐 궁전보다 반응이 좋은 이유가 무엇인지 생각하게 만든다.

결국 인간이 만들어 놓은 화려한 건축물은 자연이 만들어 놓은 장엄한 풍경을 압도하지 못하다는 생각을 하게 된다. 이런 느낌과 생각의 척도를 깨닫게 된 것도 여행의 큰 소득이라고 할 수 있다. 간접적으로 본 것과 현지에서 직접 본 느낌이 이렇게 다르다는 것은 생각지 못했던 부분이다.

페냐 궁전에 대한 감흥이 덜했던 또 다른 이유는 외벽에 있다. 멀리서 보면 알록달록한 색감이 아름답게 보이지만 가까이서 보면 시멘트 콘크리트 건축물에 단순히 페인트를 칠한 모습이다. 조금 더 자세히 들여다보면 이끼와 빗물의 흔적들로 얼룩져 있어 조잡해 보이기까지 한다. 또한 역사적으로 의미 있고 대단해 보이는 느낌이 깃든 모습도 아니다. 낡아 보이더라도 오랜 세월의 흔적으로 아름다움의 깊이가 더해진 알함브라 궁전과 같은 차원의 강렬한 인상이 묻어나지는 않는다.

다행히 사진만큼은 무어성보다 페냐 궁전에서 더욱 멋지게 나온다. 알록달록하고 아기자기한 페냐 궁전을 배경으로 열심히 사진을 찍는다면 페냐 성 방문의 목표는 충분히 달성할 것으로 여겨진다.

페냐 궁전 입구에서 조금만 올라가면 성을 감고 있는 테라스가 있다. 테라스를 따라 걸어가면 곳곳마다 보초를 설 수 있도록 만든 초소들이 있다. 테라스와 초소에서 보는 풍경은 자연이 만들어준 선물

마누엘린 양식의 회랑

왕들의 식탁

주방

다양하고 아름다운 아줄레주(Azulejo)

마누엘린 양식의 회랑과 예배당

이라고 할 수 있을 것이다. 멀리 보이는 무어성의 회색빛이 또 다른 느낌으로 다가온다. 푸른 숲속에 있는 것처럼 보이는 신트라와 구신트라 시가지는 조용하고 평화롭게만 보인다. 또한 멀리 보이는 대서양까지 탁 트인 전망은 페냐 궁전의 하이라이트라는 생각이 든다.

테라스를 따라 페냐 궁전을 돌아보고 나면 페냐 궁전 내부 관람으로 이어진다. 내부 관람은 마누엘린 양식의 회랑부터 시작된다. 산 정상에 있는 궁전에 회랑을 만들어 놓은 점이 의아하지만 한편으론 공간의 여유를 느낄 수 있다. 궁전 내부 관람 중 가장 큰 비중을 차지하는 것은 페르난도 2세와 관련한 유물들이다. 여러 개의 침실, 식당, 티 룸(Tea room), 화장대, 실내 장식 등 거의 대부분에 그와 관련된 안내표지와 해설 그리고 가계도까지 그려져 있어 페르난도 2세의 생활상을 엿볼 수 있다.

외국인 관광객 중에는 가이드 투어가 있었던지 관광객 앞에서 열심히 설명해주는 해설자가 있었다. 한국인 단체 관광객이나 가이드가 있으면 반가웠을 것 같은데 아직 이곳 페냐 궁전까지는 한국인 가이드 투어가 오지 않는 모양이다.

페냐 궁전 내부 관람에서 제일 기억에 남는 곳은 주방이다. 다른 왕궁들과 비교해 볼 수 있는 왕실의 방이나 무도회장 등의 화려한 모습은 충분히 많이 봐왔지만, 왕실 주방의 모습이나 조리 기구를 본 것은 처음인 것 같다. 큰 솥이나 냄비 등의 조리 기구들이 생각했던 것 이상으로 컸다. 구릿빛을 띠고 있는 것으로 보아 구리가 많이 포함되어 있을 것이다. 조리 시설을 자세히 들여다보면 커피메이커로 보이는 것도 있다. 큰 꼬챙이, 국자, 화덕으로 보이는 것들을 보면 과거 포르투갈 궁전에서 요리하는 모습이 어떠했을지 상상된다. 주방 기구를 마지막으로 관람을 모두 마치고 기념품 숍을 거쳐 성 밖으로 나왔다.

시계탑 왼쪽 아래 고깔 탑이 예배당으로 옛 수도원의 분위기를 느끼게 해준다.

충분하지 않았지만 무어성과 페냐 궁전에서 많은 시간을 보냈다. 이제 렌터카를 타고 카보 다 로카에 가려 한다. 성에 올라올 때와는 다르게 주차장으로 가는 길은 숲속의 오솔길을 택했다. 지도를 보면 지름길이 있을 것 같은 느낌이 들어서 페냐 궁전에 왔던 길로 가지 않고 지름길로 보이는 오솔길을 택한 것이다. 가파르지만 숲속의 상쾌한 공기를 마시며 걷다 보면 마음이 여유로워진다.

오솔길의 정겨운 산책은 잠깐이었다. 곧 렌터카가 있는 주차장 옆의 레스토랑에 다다르게 되었다. 이 공원의 구조를 생각해 보건대, 이 레스토랑을 잘만 통과하면 입장권 없이도 페냐 궁전에 갈 수 있을 것 같다. 실제로 이 길을 따라 페냐 궁전으로 가려 하는 사람들이 있기도 했다. 그러나 관리가 허술하지는 않았다. 갑자기 어디선가 관리인이 나타나 그 사람들을 가로막으며 들어가지 못하도록 단속했다. 공원을 나갈 수는 있어도 들어오지는 못하는 출구다.

세상의 끝에 서다
호가곶

TIPS!!

유라시아대륙의 최서단인 이곳을 선원들은 '리스본의 바위'라고 부른다. 십자가 탑에는 유럽의 땅 끝임을 알리는 시 구절이 쓰여 있다.

여기… 육지가 끝나는 곳이고, 그리고 바다가 시작되는 곳이다.
- 카몽이스

그 옛날 호가곶은 대서양을 통해 새로운 세계를 향한 모험가들에게 희망의 언덕이었다.

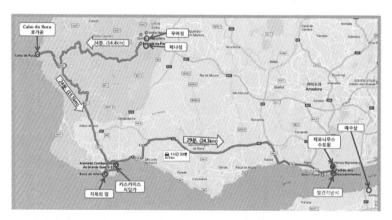

무어성에서 카보 다 로카(호가곶)까지 가는 길은 좁지만 아늑한 숲속 도로가 마음에 들었다. 맞은편에서 오는 자동차를 만나게 되면 조심스럽게 비켜줘야 하고, 버스를 만나게 된다면 갓길에 바짝 붙어

서 있어야 한다. 이 같은 좁은 길을 한참 동안 가다가 숲속을 벗어나면 제대로 된 2차선 도로를 만나게 된다. 이 도로를 20분 정도 운전하면 드디어 카보다 로카에 이르게 된다.

카보 다 로카에는 대부분 외국인 관광객들이 많이 오는 것 같다. 물론 젊은 한국인들도 더러 볼 수 있었다. 이들 관광객과 함께 십자가 기념비를 향해서 걷게 된다. 지도에서 몇 번 보았기 때문에 곧바로 찾아갈 수 있었다.

흐린 날씨 탓인지 아니면 원래 바람이 세게 부는 곳인지는 잘 모르겠으나 강한 바람이 불고 있었다. 불어오는 바람을 이겨내며 마침내 카보 다 로카 십자가 기념비 앞에 섰다. 유라시아 대륙의 서쪽 끝자락에 위치해 있어 상징적인 의미가 크다고 할 수 있다.

하지만 그런 상징성을 뛰어넘는 훌륭한 풍광이 눈앞에 펼쳐진다. 파도가 바위에 부딪치고 있는 곳에서 우리가 서있는 곳까지는 수직으로 상당히 높기 때문에 관광객의 안전을 위해 절벽이 끝나는 지점까지 난간을 설치해두었다. 그만큼 높은 위치에 위치하고 있어 멀리까지 대서양의 풍경을 볼 수 있다. 남쪽으로 가면 내리막길로 이어져 절벽까지 내려갈 수 있을 듯하다. 날씨와 가족들의 체력 조건이 허락만 된다면 트레킹을 하고 싶었다.

이번에는 북쪽으로 향했다. 북쪽의 언덕 위에는 빨간색 등대가 세워져 있다. 이 등대도 카보 다 로카의 상징적인 의미가 크므로 많은 사람이 배경 삼아 사진을 찍는다. 옆은 깎아지른 바위 절벽인데 등대와 멋진 조화를 이루고 있다. 바다와 절벽과 등대가 좌우로 나란히 보이도록 사진을 찍는다면 누구라도 멋진 사진을 찍어낼 수 있을 것이다.

항상 바람이 강하기 때문에 이곳의 식생은 산 중턱까지 튼튼한 줄기를 가진 풀과 같은 잡목들뿐이다. 산 중턱쯤 되어서야 나무가 숲을 이룬다.

스페인 안달루시아 지방을 중심으로 계획한 이번 여행에서 장시간 운전을 감수하며 당일치기 일정으로 포르투갈을 포함하였는데, 그 결과는 대단히 만족스럽다. 또한 카보 다 로카는 상징성만큼 자연의 위대함을 느낄 수 있는 곳이었다. 인간이 만들어 놓은 화려하고 훌륭한 문화유산들을 수없이 봐왔지만 위대한 자연이 만든 거대하고 아름다운 풍경 앞에 비교할 수 없는 초라함을 느꼈다. 그리고 호가곶 풍경을 글로 써보았다.

유라시아대륙의 서쪽 끝단 호가곶!
대륙의 끝자락을 마침내 보았다.
대서양은 여기서 시작된다.

바람은 강하고, 파도는 거칠어
바다와 대륙의 경계가
혼돈의 물거품으로 하얀빛을 만든다.

이 거친 자연 앞에서도
무릎 아래 잡초와 잡목들은
단단히 뿌리를 내리고 있다.

한창 호가곶 풍경에 정신이 팔려있을 때 아내가 다가왔다. 바람이 너무 강해서 견디기 힘들다고 한다. 그제야 강한 바람이 느껴졌다. 흐린 날씨에 바람이 세게 불기는 했지만 카보 다 로카를 돌아보는 데 큰 지장은 없었다.

42 | 호가곶 기념탑
43 | 바다의 시작
44 | 로터리클럽 비와 등대
45 | 유라시아 대륙과 대서양의 경계

카스카이스와 지옥의 입

카보 다 로카에서 20여 분 거리에 있는 카스카이스로 갔다. 미리 검색해 두었던 맥도널드가 카스카이스 시내에 있어 그곳에서 늦은 점심식사를 할 생각이다. 그런데 지도에서 봐두었던 맥도널드가 폐점 되었는지 보이지 않는다. 하는 수없이 점심식사를 대체하기 위해 피자와 파스타가 맛있어 보이는 레스토랑에서 식사를 하고 지옥의 입으로 향했다.

카스카이스 시내에서는 유료주차장에 주차를 해야 하지만 지옥의 입 입구에는 무료로 주차할 수 있는 공간이 충분하다. 또한 입장료를 받는 관광지도 아니었다. 그나마 컨테이너 같은 조립식 건물에서 기념품을 판매하고 있었다.

이곳에서 지옥의 입까지는 걸어서 1분 거리다. 무어성과 페냐 궁전, 카보 다 로카(호가곶)를 본 이후 지옥의 입을 보아서인지 기대할 만한 매력을 느낄 수는 없었다. 오랜 세월에 걸쳐 침식된 절벽과 그 아래로 아찔한 바다가 보이는 곳이 바로 지옥의 입이다. 절벽과 바위 사이로 뚫린 커다란 구멍이 마치 지옥으로 들어가는 입구 같다고 해서 지어진 이름이라고 한다.

구멍에서 솟구치는 파도가 높이 치솟아 올라 굉장해 보이기는 하지만 해안선을 따라 만들어진 절벽이 훨씬 멋져 보인다. 주상절리에서나 볼 수 있는 해안 절벽인데, 그 길이가 무척 길다. 파도가 부딪치는 갯바위 같은 곳에는 바다낚시를 즐기고 있는 사람들이 보인다. 지옥의 입에서 짧은 시간을 보내고 해가 지기 전에 리스본의 발견기념비와 그 일대를 보기 위해 렌터카를 타고 이동하였다.

지옥의 입

해안 절벽

발견기념비와 제로니무스 수도원

발견기념비까지는 30분이면 갈 수 있다. 제로니무스 수도원 앞 공원에는 무료 주차할 수 있는 공간이 많다. 바스코 다 가마의 원정을 기리기 위해 만든 벨렘탑을 방문하려 했으나 해가 지기 시작하여 일정을 서둘러야 했기에 곧바로 발견기념비로 향했다.

발견기념비는 리스본 항구 입구에 있는 바다 앞에 범선 모양을 하고 있다. 그 배에는 많은 사람들이 대서양을 향해 자세를 잡고 있는데 대항해 시대를 이끈 인물들이라고 한다. 상징성이 있는 기념비라는 이유로 방문했지만 기념비보다는 탁 트인 리스본의 바다와 리스본 대교가 더 볼 만한 것 같았다. 포르투갈은 스페인보다 1시간 늦기 때문에 오후 6시가 지나자 곧 어두워지기 시작한다. 더 어두워지면 제로니무스 수도원의 형태를 제대로 볼 수 없을 것 같아 서둘러 수도원으로 향했다.

TIPS!! 발견기념비

벨렘지구의 테주강 변에 있으며, 대항해 시대를 열었던 포르투갈의 용감한 선원들과 그들의 후원자들을 기리는 기념비이다. 기념비는 항해 중인 범선 모양을 하고 있는데, 위에는 맨 앞쪽의 엔리크 왕자 조각상을 비롯하여 수많은 인물 조각상이 있다. 기념탑이 있는 자리는 바스코 다 가마가 항해를 떠난 자리라고 한다.

발견기념비에서 제로니무스 수도원까지 거리는 걸어서 10분이면 충분하다. 지하보도를 건너 제국광장의 정원(Jardim da Praça do Império)을 통과하면 수도원 앞 분수가 보인다. 어두워지는 가운데 분수는 음악에 맞춰 무지갯빛 쇼를 하고 있었다.

이른 저녁 시간이지만 어둠 때문에 사람이 없었다. 그런데 한국인으로 보이는 남녀가 분수를 열심히 촬영하고 있는 모습이 보였다. 그들의 카메라 장비가 범상치 않아 보였기에 사진작가인지 물어보았다. 그들은 '걸어서 세계 속으로' 촬영팀이라고 한다. 포르투갈 여행을 하면서 방송국 촬영팀을 만나니 린과 예린은 좋은 추억이 될 것 같다며 대단히 신기해한다.

제로니무스 수도원 구경은 분수 앞에서 보는 것으로 만족하고, 수도원 옆에 있는 원조 에그타르트 가게를 찾아보기로 했다. 촬영팀이 에그타르트 가게의 정확한 위치를 알려주었다. 이 가게 이름은 파스테이스 데 벨렘(Pasteis de Belem)인데 에그타르트의 원조로서 170년이나 되었다. 공원에는 사람이 없었던 것에 비해 이 가게에는 사람들이 줄이 길게 늘어서 있고 테이블엔 빈자리가 없다. 그걸 볼 때 인기가 대단한 가게임에 틀림없는 것 같았다. 에그타르트 2박스(1박스에 10개)를 샀다. 이 에그타르트를 먹어본 린은 달콤한 맛에 밝은 미소를 지었다.

TIPS!! 제로나무스 수도원

원래 이름은 하이에로니미테스 수도원인 제로니무스 수도원은 16세기에 마누엘 1세의 의뢰로 산타 마리아 예배당 자리에 세워졌다. 산타 마리아 예배당은 마누엘 1세의 조상인 항해왕 엔리케의 명령으로 세워졌으며 당시 뱃사람들 사이에서 인기가 높았다. 포르투갈 왕실의 묘비로 사용하려고 지었으나 훗날 탐험가 바스코 다 가마가 인도에서 귀환한 것을 기념하기 위한 목적으로 바뀌었다.

"지금까지 먹어본 에그타르트와는 완전 다른 맛이에요. 진짜 에그타르트는 이런 맛이었네요?"

이렇게 맛있는 에그타르트는 처음이라고 한다.

렌터카가 있다 하더라도 리스본과 신트라 여행을 하루에 소화하는 것은 시간이 턱없이 부족한 일정이라는 생각이 든다. 더욱이 겨울엔 해가 짧아 더욱 그렇게 느껴질 수밖에 없다. 우선순위가 되었던 무어성, 페냐성, 카보 다 로카는 제대로 보았지만, 리스본은 시간이 너무 부족하였다. 스쳐 지나가듯 보고 떠나야 하니 무척 아쉬웠다. 압축시켜 놓은 여행 일정을 조금이라도 늘릴 수 있었다면 좀 더 많은 것을 보고 여유도 즐길 수 있지 않았을까 하는 아쉬움이 남는다.

여하튼 19시쯤 리스본을 떠나 20시가 조금 넘은 시간에 에보라에 도착하였다. 숙소에 들어가기에 앞서 아침에 봐두었던 대형마트 (Pingo Doce-Evora)에 들러 쇼핑을 하기로 했다. 린과 예린이 차에서 자는 동안 아내와 쇼핑을 하면 좋을 것 같았기 때문이다. 이곳에서 포르투갈의 매력 중 하나라고 할 수 있는 저렴한 물가를 확인했다. 맥주는 1캔에 0.4유로 와인은 1병에 2유로인 것들도 있다. 과일이며 공산품들 모두 저렴하다. 아내의 만류에도 불구하고 엄청난 가성비로 인해 선물용 와인이며 캔맥주를 잔뜩 사서 차에 실었다.

에그타르트

제로니무스 수도원 앞 분수

제로니무스 수도원

원조 에그타르트 가게

발견기념비

PORTUGAL

SPAIN

PART 10
메리다와
톨레도

- 여행 9일 차 -

에보라

아침 공기가 쌀쌀하고 하늘은 흐렸다. 햇살이 비치면 기온이 올라가기 때문에 활동하는 데 큰 지장은 없을 것 같았다. 짐을 정리하고 캐리어를 렌터카에 싣다 보니 도로변에는 출근하는 사람들과 학교에 가는 학생들이 점점 늘어나고 있다. 출근하는 포르투갈 사람들을 보니 우리의 생활과 별반 차이는 없어 보인다. 아침이면 각자 자신의 일터로 향하는 사람들의 모습은 지구촌 어디서나 비슷한 일상임을 눈으로 확인하게 된다.

오늘은 에보라, 메리다, 콘수에그라, 톨레도를 방문하는 일정이다. 모두 방문할 경우 운전시간이 7시간에 이르게 된다. 게다가 메리다 세계문화유산 유적지를 관람하는 데 많은 시간이 걸릴 것 같았다. 콘수에그라는 내일 오전에 방문하는 것으로 계획을 수정하였다.

에보라의 호텔인 빌라 갈레 에보라(Vila Gale Evora)에서 제공하는 아침식사를 하고 나서 에보라 시내 관광에 나섰다.

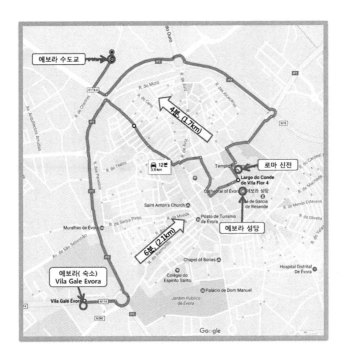

에보라
에보라는 기원전 2세기부터 4세기까지 약 600년 간 로마로 통하는 무역 루트였다. 이 지방은 밀과 은이 많은 나는 생산지였으며, 로마의 주요 도시답게 곳곳에 로마시대 유적들이 발굴되고 있다. 8세기부터 12세기 사이에는 무어인들이 포르투갈 남부를 지배했는데, 1000년경에 귀족들이 도시국가로 나누면서 에보라를 그들의 수도로 삼았다.

에보라(다이아나) 신전
2세기에 에보라에 지어진 다수의 신전 중에 유일하게 남은 신전으로서 다이아나 여신을 숭배하는 목적으로 지어졌다고 추정되어 다이아나 신전으로 불리기도 한다.

에보라 대성당
수백 년간 무어인들의 지배를 받다가 기독교인들이 점령한 후에 도시의 제일 큰 이슬람 사원이 있던 자리에 1186년부터 로마네스크 디자인으로 대성당 공사를 시작하여 1204년에 완공하였다. 그로부터 약 200년 후인 1400년경에 진행된 보수공사를 거치면서 고딕양식으로 리모델링되었다.

에보라의 주요 볼거리는 성당과 로마 신전, 수도교다. 도시에 대한 자료조사를 소홀히 한 탓에 잘 알려진 뼈 예배당(Chapel of Bones)은 방문하지 못했다. 여행하는 동안 성당이나 왕궁 내부를 많이 관람해서 성당에 입장하는 것에는 흥미가 떨어져 있기도 했다. 그래서 에보라 성당의 내부 관람은 생략하기로 하고 가까운 거리에 있는 에보라 신전으로 갔다. 이 신전의 특징은 파손되어 가는 상태에서 특별한 보수 없이 관리되고 있다는 점이다. 어떻게 보면 신전의 흔적인 기둥과 건물터만 남아 있는 모양새라고 할 수 있다.

에보라에 도착하던 날 밤 인상적인 건축물을 보았다. 그것은 수도교였다. 언제 만들어졌는지 알 수 없지만 로마 시대의 수도교를 보게 된 것은 처음이다. 세고비아의 수도교가 유명하다고 하기에 방문할 예정이었지만 뜻하지 않게 에보라의 수도교를 먼저 볼 수 있게 되었다. 화려하지는 않아도 충분히 에보라의 상징으로서 가치가 있어 보인다.

중요한 볼거리 중 하나였던 뼈 예배당을 방문하지 못한 아쉬움이 크게 느껴진다. 에보라 성당에서 히랄두 광장을 통과하여 조금만 더 걸어가면 뼈 예배당이 있어 얼마든지 가 볼 수 있는 가까운 곳에 있었기에 더욱 아쉽다.

TIPS!! 뼈 예배당(Capela dos Ossos)

이 예배당은 유네스코 세계문화유산으로 지정된 에보라 역사 지구에서도 가장 유명한 부분 중 하나이다. 프란체스코회 수도사들이 인생의 덧없는 본성을 되새기라는 의미에서 지었다. 현관 위편에는 이 예배당이 건설된 이유를 안내하는 글귀가 새겨져 있다.

"Nós ossos que aqui estamos pelos vossos esperamos
(이곳에 있는 우리 뼈들은 그대의 뼈를 기다린다)."

에보라 신전(다이아나 신전)

수도교   사이에 지은 집

에보라 수도교와 성벽

에보라 성당

로마 시대 극장에 가다
메리다

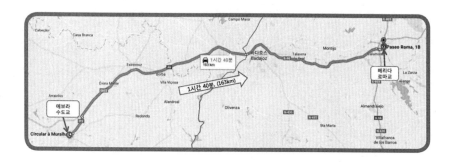

에보라에서 메리다까지는 1시간 30분 정도 소요되지만 스페인과 포르투갈의 시차(1시간) 때문에 9시에 출발했음에도 11시 30분에 도착했다.

고속도로를 달리다 보면 다채롭고 특색 있는 포르투갈과 스페인의 지형을 볼 수 있다. 한 시간쯤 지날 무렵 바다호수 근처에 있는 국경을 통과하게 된다. 국경 안내표시판이 있고 좌우로 길게 늘어서 있는 언덕이 국경을 표시하는 인공구조물인 듯하다. 스페인 고속도로를 달리다 보면 황소 광고 간판을 볼 수 있다. 오스보르네 셰리라는 회사 광고인데 투우 때문인지 스페인의 상징 같은 조형물이 되었다고 한다.

에보라와 메리다 이 두 도시는 초기 여행계획을 세울 때까지만 해도 생각하지 않았고, 존재 자체도 몰랐다. 한창 일정을 짜고 있을 때 카보 다 로카와 페냐성을 보기 위해 포르투갈을 방문하는 일정을 만들었다. 그러나 장거리 운전을 해야 하는 문제점이 풀어야 할 숙제가 되었다. 장거리 운전을 효과적으로 극복할 수 있는 방안 중 가장 좋은 방법은 휴식을 할 수 있는 도시를 찾는 것이었다. 그렇게 해서 알게 된 도시가 에보라와 메리다다. 에보라는 숙박을 위한 중간 기점으로 삼았고, 에보라와 톨레도 중간에 위치한 메리다는 문화 유적을 관람하면서 휴식도 할 수 있는 도시로 삼았다.

그러나 계획을 세울 때 간과한 것이 있다. 비록 잠깐 방문하는 도시라도 기본적으로 2시간 이상의 시간이 소요된다는 사실이다. 더욱이 메리다는 생각했던 것보다 더 많은 볼거리를 제공하는 도시였으므로 오랫동안 머무르게 되었다. 고대 로마 유적도시 메리다는 도시 자체가 세계문화유산에 등재돼 있다고 해도 과장된 표현이 아닐 정도로 곳곳에 유적이 산재해 있었다.

메리다 첫 방문지는 로마교다. 주차는 로마교 노상갓길에 할 수 있

TIPS!!

메리다
메리다는 기원전 23년 무렵 에메리타 아우구스타(Emerita Augusta)라는 이름으로 세워진 로마제국의 식민도시였다. 처음 거주자들은 아우구스투스의 군대에서 복무하고 제대한 군인들이었다. 도시 곳곳에는 로마시대의 다리, 경기장을 비롯하여 신전, 개선문, 극장, 예배당 등의 유적들이 흩어져 있다.

메리다 로마교
기원전 25년 무렵, 화강암을 다듬어 만든 792m의 로마교는 지금도 사용하고 있으며, 로마제국 시대에 만든 다리 가운데 가장 긴 편에 속한다. 다리는 아치 2개를 중앙에 있는 굵은 기둥이 떠받치는 구조로 되어 있다. 화강석 하나하나에는 조그만 홈이 파여 있는데 집게로 돌을 들어 올릴 때 미끄러지지 않도록 낸 것으로 고풍스러운 분위기를 만들고 있다.

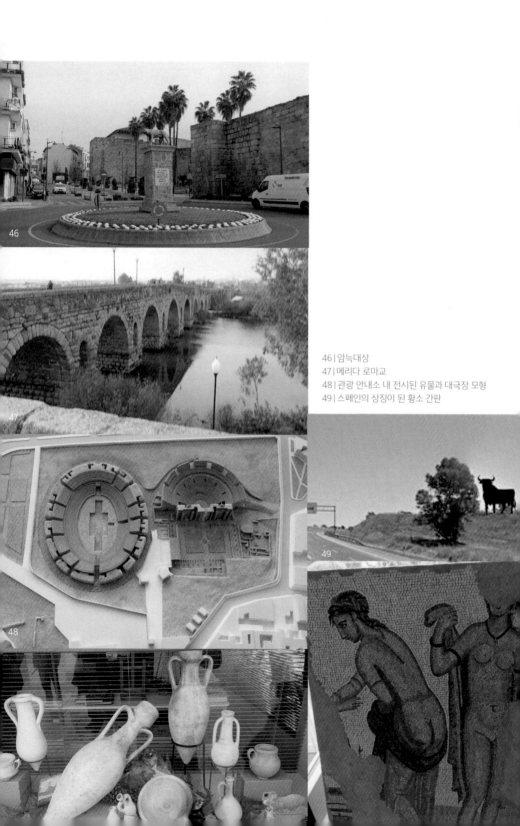

다. 메리다 로마교는 로마 시대에 만들어졌다는 상징성 때문에 문화
재로서 상당한 가치가 있을 뿐만 아니라 메리다 시민들의 산책과 휴
식 장소가 되어 주고 있다. 좌우 폭이나 규모면에서는 코르도바의 로
마교보다 작지만 길이가 코르도바의 로마교보다 비교할 수 없을 만
큼 긴 다리다.

로마교가 시작되는 지점 맞은편에는 알카사르가 있다. 유적지로서
많은 발굴 작업을 하였지만 훼손이 심하다. 성터와 성벽만 덩그러니
남아 있어 내부관람은 크게 의미가 없을 것 같다.

그보다 눈에 띄는 것은 로마교 앞 로터리 중앙에 세워진 늑대상이
다. 로마 건국신화의 주인공인 로물루스와 레무스가 암컷 늑대의 젖
에 매달려 젖꼭지를 빨고 있는 늑대상을 보면 스페인 지방도시인 메
리다가 로마의 영토였다는 걸 알 수 있다. 이 늑대상의 진품은 로마
에 있지만 로마 유적이 있는 곳이면 마치 상징처럼 복제품이 자리하
고 있다.

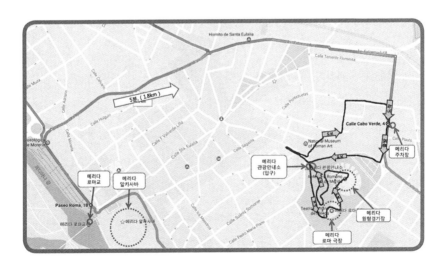

메리다 로마극장과 원형경기장

　메리다 로마교에서 관광 안내소까지의 거리는 1.5㎞에 불과하지만 주차에 문제가 있을 것 같았다. 인터넷에서 검색해보았지만 마땅한 주차장을 찾지 못했기 때문이다. 하지만 현지에 도착했을 때 관광 안내소에서 그리 멀지 않은 공터 주차장을 금방 찾을 수 있었다.

　주차장에서 메리다 관광 안내소까지는 걸어서 5분 거리다. 관광 안내소에는 메리다 유적을 관람하는 방법이나 순서가 나와 있다.

　메리다 유적지 입장권은 통합권과 일반권으로 분류된다. 통합권은 메리다에 있는 박물관, 유적지, 미술관 등 모든 곳에 입장이 가능하다. 만일 두 곳 이상 방문하기를 원한다면 비용측면에서 경제적일 것이다. 그러나 우리 가족은 로마극장&원형경기장만 방문할 것이므로 일반 입장권을 24유로(1인당 12유료, 만12세 이하 무료)에 구매하였다.

매표소는 관광 안내소와 같은 장소에 있는데 관광 안내소에 전시된 유물과 대극장 모형을 보면 로마 사람들의 문명 발달 정도와 문화 생활 수준을 짐작할 수 있을 것 같다. 돌 조각으로 모자이크된 목욕장 여인들의 모습은 현대와 별다른 차이가 없어 보인다. 이런 미술작품을 보면 문화생활을 위하여 투자할 수 있는 경제적 여유가 있었을 것이라는 추측을 할 수 있다. 의식주 문제를 걱정하지 않을 만큼 풍요롭다면 여유와 여가를 누릴 수 있기 때문에 문화생활과 예술을 위한 활동이 가능했을 것으로 보인다.

매표소를 통과하면 유적들이 혼재해 있는 로마극장 뒤편이 나온다. 콜로세움과 같은 경기장은 이탈리카에서도 보았고, 베로나에서도 봤지만 원형이 이처럼 잘 보존된 극장은 처음이다. 물론 파손된 기둥이나 벽 등을 새로운 석재로 보수하고 관객석은 플라스틱 자재를 이용하여 석재처럼 보이도록 위장하였지만, 그럴듯하게 보존하여 현재도 공연장으로 사용하고 있다.

극장의 단상과 그 뒤편의 공간에는 로마 황제를 비롯한 여러 조각상이 있고, 맞은편 관객석에는 지난 세월의 흔적을 고스란히 간직한 닳은 돌들이 둘러싸고 있다. 로마극장은 관객석에서 볼 때 그 대단함을 더욱 크게 느낄 수 있다. 이탈리아에서도 쉽게 보지 못했던 고대 로마유적의 진수를 보게 된 것이다. 우리는 관객석 통로를 통과하여 로마극장에서 빠져나왔다. 그리고 원형경기장 안으로 들어가 보았다.

메리다 원형경기장은 콜로세움과 같은 형식의 경기장인데 관객석 규모가 작지만 원형이 비교적 잘 보전되고 있다. 경기장 지하에는 맹수나 검투사가 이동하는 통로가 있고, 관람석 아래 경기장에 입구가 있는데 검투사의 모습을 재현한 스탠드가 서있다. 원형경기장 밖은 저택이 있던 자리다. 내부로 보이는 장소에는 포도를 밟으며 즙을 내는 모자이크 그림이 그려져 있다. 고대에 만들어진 모든 유물이 당시의 삶을 구체적으로 연상할 수 있을 정도로 비교적 잘 남겨져 있다. 이런 고대 유물의 존재가 많은 부러움을 안겨준다.

메리다의 로마극장과 원형경기장 관람을 마치고 관광 안내소를 통해 밖으로 나오면 바로 앞에 메리다 박물관이 보이지만 주차장으로 발길을 돌렸다. 주차장 앞을 지날 때는 태권도장을 발견하였다. 고대 로마의 도시까지 태권도가 진출해 있는 걸 보니 묘한 기분이 든다. 한국인의 진취적인 기상이 세계를 누비고 있다는 사실을 눈으로 직접 확인한 현장이다.

아우구스투스 황제상

티베리우스상

드루소 엘마 마요르상

케레스 여신상

음악의 여신 뮤즈상

세라피스(Serapis)상

로마 황제들

- 메리다의 옛 명칭은 황제의 이름을 따서 아우구스타 에미리타였다.
- 드루소 엘마 마요르는 아우구스투스 아들이며 티베리우스 동생이다.
- 케레스 여신은 곡물의 여신이다.
- 음악의 여신 뮤즈상은 머리가 손실되었다. 무사(고대 그리이스어) 또는 영어로 뮤즈는 그리스 신화에 등
  장하는 아홉 명의 여신이다. 예술가들의 예술 활동에 영감을 주고 무사히 여신인 자신들을 통해서 공연과
  창조의 과정을 생각해 낼 수 있도록 돕는 역할을 한다.
- 질병을 치료하는 세라피스(Serapis)상은 다른 신들의 모습과 달리 곱슬머리에 턱수염이 많으며 머리에는
  작은 바구니를 이고 있다.
- 머리가 손상된 오른쪽 두 개의 조각상들은 로마 황제들이다.

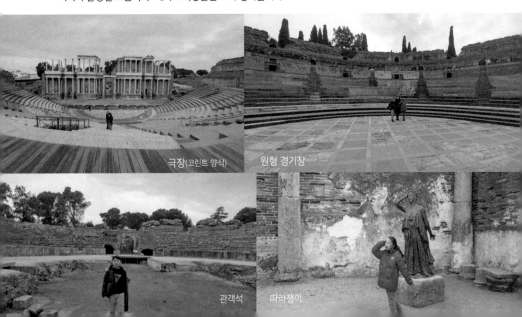
극장(코린트 양식)
원형 경기장
관객석
따라쟁이

아름다운 천년의 고도
톨레도

TIPS!!

톨레도는 스페인 수도 마드리드에서 70㎞ 거리에 있는 인구 6만여 명의 작은 도시로, 마드리드로 천도하기 전까지 천 년 이상 스페인의 중심지였다. 도시는 로마시대 이전으로 거슬러 올라가는 장구한 역사를 자랑하며, 서고트 왕국, 이슬람 왕국, 레온 왕국, 카스티야 왕국의 수도로 번영을 누렸다.

오후 1시쯤 메리다를 출발하여 톨레도에 도착한 시간은 오후 4시였다. 콘수에그라의 풍차마을을 방문하고 싶은 생각이 굴뚝같았으나 무리한 일정을 시도하다 이도저도 아닌 결과가 될 것 같아 오늘의 일정은 톨레도에서 마치기로 하였다.

메리다를 떠나 톨레도가 가까워지자 빛바랜 색채감이 느껴지는 톨레도 시가지가 보이기 시작한다. 비사그라 문을 통과하면 구시가지로 들어가게 된다. 그러나 미리 생각해 두었던 알칸타라 다리 근처에 있는 주차장으로 가기 위해 비사그라 문을 통과하지 않고 비껴갔다. 정확한 위치를 안내한 내비게이션 덕분에 알칸타라 다리 근처에 있는 무료주차장을 쉽게 찾았다.

무료주차장은 상당히 큰 편이었고 많은 차량이 주차되어 있었다. 톨레도 시에서 관광객들이 편리하게 이용할 수 있도록 만들어 놓은

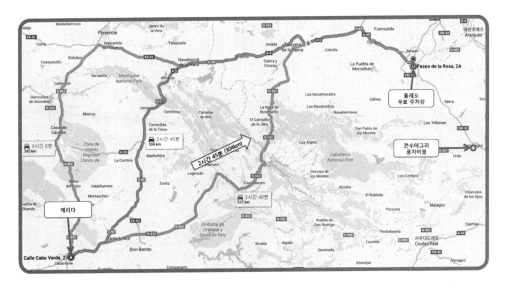

것 같다. 오후 4시쯤 도착하여 주차를 하고 간단한 차림으로 알칸타라 다리를 향해 걸었다. 이동하는 동안 낮잠을 실컷 자고 일어난 아내와 린과 예린은 에너지가 왕성한 몸놀림으로 알칸타라 다리까지 산책하듯 가볍게 걸었다.

알칸타라 다리 양쪽 입구에 있는 무데하르 양식의 탑이 멀리에서도 잘 보인다. 타호강이 흐르는 협곡 사이에 만들어진 이 다리는 파괴되어 보수하거나 재건하는 과정을 수없이 거친 2천 년의 세월을 품고 있다. 톨레도 방어에 협곡이 천연의 요새 역할을 해주었다고 하는데 타호강의 물 흐름과 깊이를 보면 왜 천연 요새라고 일컫는지 누구나 이해할 수 있을 것이다. 눈을 즐겁게 하는 것은 알칸타라 다리의 역사나 건축미가 아니라 바위로 된 협곡과 감청색의 타호강물이다. 톨레도 구시가지를 방문하기도 전에 이 아름다운 풍경에 빠져 감상

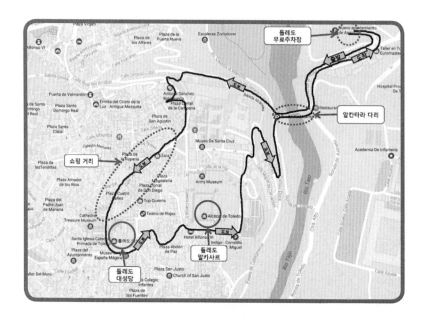

시간이 한동안 지속되었다.

알칸타라 다리에서 처음 마주친 사람은 한국인 여대생들이다. 셀카봉을 들고 열심히 사진을 찍던 그들은 우리의 가족사진도 찍어주었다.

알칸타라 다리를 건너 성문을 통과하면 성벽으로도 올라갈 수 있

구리판에 홈을 파서 밑그림을 그린 뒤 금이나 은실을 홈에 박아 넣어 세공한 화려한 금속공
예품으로 우리의 금은사(金銀絲) 상감 공예기법과 비슷하다. 톨레도의 금속공예는 주로 다마
스쿠스(Damascus)에서 온 장인들이 전파했는데, '다마스키나도'는 '다마스쿠스의 장인'이라는
뜻이다.

다. 성벽에서 바라보는 타호강과 협곡의 모습은 걸을 때마다 시시각
각 다른 입체감을 준다. 그런 풍경을 계속해서 사진으로 담다 보면
어느 순간 자신도 모르게 작품이라고 해도 손색이 없는 사진을 얻을
수 있게 된다.

에스컬레이터를 이용하여 톨레도의 구도심으로 가는 방법이 있었
으나 알칸타라 다리 근처에서 에스컬레이터를 찾을 수 없었다. 그래
서 성벽을 따라 아파르카미엔토 미라도르(Aparcamiento Miradero)까지
걸었다. 이 전망대에서 타호강을 보게 되면 흐르는 물과 톨레도 외곽
풍경이 풍요롭게 느껴진다. 오르막 경사가 끝나면 소코도베르 광장
(Plaza de Zocodover)까지 그리 멀지 않다.

해 질 무렵이면 기다란 삼각형 모양의 소코도베르 광장에 남녀노
소 할 것 없이 많은 사람들이 모여들어 거닐기도 하고 담소도 나눈
다. 톨레도 시민과 관광객들의 휴식처인 것이다. 그래서인지 주변에
는 온통 카페테리아들이 성업 중이다. 우리는 해 질 무렵까지 기다릴
여유가 없으므로 대성당으로 가는 길을 찾았다. 대성당 방향의 좁은
상가 골목에는 좌우로 화려한 기념품 판매점들이 계속해서 늘어서
있다.

특히 금속 공예품 전문 상점과 칼, 창, 방패, 갑옷 등의 무기를 판매
하는 상점, 각종 수공예품이 진열된 상점, 다마스키나도(Damascinado)
상점들이 인상적이다.

비사그라 문(Puerta de Bisagra)

알칸타라 다리

소코도베르 광장

알칸타라 다리에서 본 알카사르

톨레도 거리

아파르카미엔토 미라도르에서 본 풍경

다마스키나도

칼 전문샵의 칼

톨레도 대성당

소코도베르 광장부터 시작되는 쇼핑거리는 톨레도 대성당 근처까지 이어진다. 언덕길처럼 경사진 좁은 길에 늘어선 상가들은 오래된 건물임에도 깨끗하고 단정해 보이기 때문에 중세적이면서도 현대적인 느낌이 혼재되어 구경하며 걷는 것만으로도 관광객들에게는 즐거운 볼거리가 되는 것 같다.

쇼핑상점들이 뜸해질 때쯤, 드디어 톨레도 대성당이 눈에 들어왔다. 좁은 골목에서는 성당의 첨탑조차 보이지 않았으나 톨레도 대성당 앞 광장에 이르렀을 때 성당의 전면이 드러났고 높이 솟은 첨탑과 종탑도 볼 수 있었다. 외부에서 본 대성당의 모습은 중세시대에 지어진 특징을 고스란히 간직하고 있다. 돌을 쌓아 만든 외벽은 닳고 낡아서 색채가 깔끔해 보이지 않지만 대성당이라 불리는 규모의 격을 갖추고 있다. 또한 지금까지 보아 온 대성당의 입구나 외벽이 그렇듯 예수나 성인을 찬미하는 조각상들이 빽빽이 들어차 있다. 내부도 많은 노력과 정성으로 화려하게 꾸며 놓았을 것이다. 바르셀로나 대성당이 그랬고, 몬세라트 수도원, 세비야 대성당, 세비야의 살바도르 성당 등 스페인에서 본 대성당들이 모두 그랬다.

대부분의 대성당이 비슷한 특징을 갖는다. 이에 반해 가우디가 건축한 사그라다 파밀리아 성당을 보게 된다면 성당의 특색이나 특징 그리고 독특함을 이해하고 신비롭게 여기게 될 것이다. 아무튼 대성당의 비슷한 내부 작품을 많이 봤기 때문에 톨레도 대성당 내부관람은 생략한다. 내 생에 한 번 더 올 수 있을지 모르겠지만 성당에 대하여 보다 많은 안목을 갖고 방문하게 된다면 대성당 내부에서 많은 시간을 보내게 될 것이다.

톨레도 여행을 준비하면서 구도심에 대한 자료 준비가 소홀하여 많이 아쉬웠다. 그 유명하다는 엘 그레코의 오르가스 백작의 매장 (Senor de Orgaz) 작품이 있는 산토 토메 성당을 방문하지 못했을 땐 더욱 그랬다.

TIPS!! 산토도메 성당

산토 토메 성당은 14세기 오르가스 백작이 개인 재산을 털어 지은 성당이다. 그는 많은 재산을 가난한 자에게 베풀며 살았다. 죽을 때는 재산 대부분을 교회에 헌납하겠다고 했는데 그의 후손들은 그렇지 않다고 하며 거부하였다. 그러나 세월이 흘러 교회에 재산을 헌납하겠다는 그의 유언장이 발견되었다. 성당 쪽에서는 후손들을 설득해 헌납을 받아냈고 성당은 그런 그를 추모하기 위해 당대 최고의 화가가 될 엘 그레코에게 그림을 의뢰했다. 그 그림이 오르가스 백작의 장례식이며, 이것은 엘 그레코를 오르가스 백작보다 더 유명하게 만들어 주었다.

톨레도 대성당

오르가스 백작의 장례식
천상의 세계 부분(상단), 지상 세계의 인간 군상들(하단)

그러나 그보다 더 중요한 톨레도의 매력은 풍경에 있었다. 톨레도의 핵심 포인트는 도시를 한눈에 보고 감상에 빠질 수밖에 없다는 미라도르다.

톨레도 알카사르

구도심 골목에는 개량되지 않은 집들이 많다. 구도심을 구석구석 다니다 보면 중세시대의 느낌을 제대로 체험하게 된다. 대성당 앞 광장을 통과해서 알카사르 방향으로 가는 길은 낡고 허름한 집들 사이의 꼬불꼬불한 골목으로 되어 있다. 대문이나 창문이 썩어서 곧 떨어져 나갈 것 같은 집도 보이고 말로 의심되는 가축의 소변 때문에 도저히 숨을 쉴 수 없을 정도로 악취가 심한 경우도 있다. 오가는 사람이 거의 없는 이런 골목을 걸어가자니 예린과 아내는 무섭다고 한다. 하지만 린은 좋은 놀림거리가 생긴 듯 짓궂게 장난을 친다. 미로처럼 얽힌 꼬불꼬불한 구도심의 좁은 길은 이슬람 도시의 특징이다. 이슬람 시대의 모습을 그대로 간직한 골목길을 걷고 있자니 과거로 시간여행을 하는 듯 느껴졌다.

골목을 빠져나와 조금만 걸어가면 알카사르에 이르게 된다. 실제로 가까운 거리에서 보게 되니 근대에 만들어진 건물과 비슷한 느낌이다. 모습은 다르지만 서울 시청 건물과 비슷한 건축양식으로 지은 건물일 것 같다. 이런 유추가 가능한 또 하나의 이유는 스페인 내전 당시 알카사르가 거의 폐허가 되어 재건축 수준의 공사를 하였기 때문이다. 그래서 아랍 무하데르 건축 양식의 흔적이 거의 없게 된 것으로 보인다. 하지만 무데하르 양식에 고딕 양식이 어우러진 건축이다.

　알카사르는 높은 곳에 있기 때문에 톨레도를 방어할 때 사령부 역할을 하기 좋은 위치였다. 그래서 도시의 방어를 위해 지어졌고 내전이 끝난 후에는 군사 박물관이 되었다. 톨레도 구도심 워킹 투어는 알카사르에서 마무리되었다. 알카사르에서 보이는 알칸타라 다리는 가까운 거리에 있지만, 경사가 급한 비탈이 지그재그로 이어진 좁은 길을 따라 내려가야 한다.

　이제 톨레도 도심을 가장 아름답게 볼 수 있다는 미라도르를 향해 차를 달려야 한다.

구도심 골목

알카사르

타호강

톨레도 미라도르

　주차장에서 미라도르까지 가는 길은 짧지만 환상적인 드라이브 코스다. 바위를 깎아서 만든 도로 아래에는 타호강이 흐르고 건너편 도심 풍경은 이동함에 따라 다양한 모습으로 변화한다.

　그 멋진 모습의 절정은 톨레도 전망대(미라도르)에 있다. 전망대 도로 건너편에 주차할 수 있는 공간이 있어 차를 세워 두고, DSLR 카메라를 들고 나와 톨레도 사진 찍기에 나섰다.

　미라도르를 방문하려면 관광버스나 승용차 등의 교통수단이 있어야 하므로 관광객이 그리 많지는 않았다. 이곳이 톨레도의 가장 아름다운 풍경을 볼 수 있다는 전망대. 톨레도를 방문했다면 다리품을 많이 팔더라도 꼭 방문할 만한 가치가 있다. 방금 전 다녀왔던 알카사바가 가장 높은 곳에 있고, 그 왼쪽으로는 대성당 첨탑이 보인다. 타호강이 구도심을 감싸며 흐르고 있어 도시는 섬같이 느껴지기도 한다. 섬 같은 이 도시는 작은 집들로 가득 채워져 있다. 도시라는 표현보다 마을이란 표현이 더 잘 어울릴 정도로 평온하기 그지없다. 거대한 해자처럼 도시를 휘감아 돌고 있는 타호강은 과거 톨레도를 천연의 요새로 만들어 주었다. 강기슭에서 힐끔힐끔 보이는 성곽들이

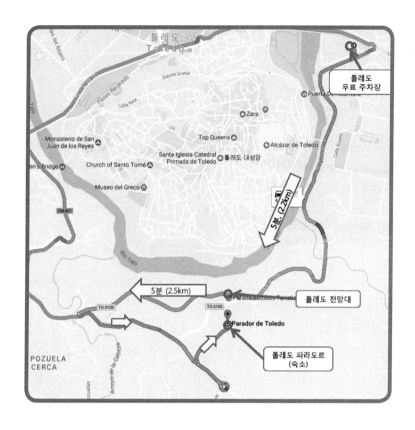

지금은 아름답게 빛나며 여행자를 안내하고 있지만, 과거에는 숱한 전쟁과 왕조의 흥망성쇠, 우리나라처럼 같은 민족끼리 총을 겨눈 내전의 비극도 안고 있다. 오랜 세월 수많은 고난을 겪었지만 이제는 아름다운 풍경화 같은 도시로 남게 되었다.

아름다운 톨레도의 감상은 미라도르에서 더 높은 곳에 있는 파라도르 숙소에서도 이어진다. 오후 6시에 미라도르를 떠나 차로 5분 거리에 있는 파라도르로 향했다.

톨레도 파라도르

톨레도 파라도르는 스페인 여행을 하면서 가장 많은 비용을 지불한 호텔이다. 파라도르 홈페이지에서 예약하면 저렴할 것 같으나 부킹닷컴이 더 저렴하다. 여러 이용자들의 평가를 보면 조식이 마음에 들었다는 내용이 많아 아내와 나는 조식을 옵션에 포함했다. 린과 예린은 아침식사로 빵 한두 조각만 먹는 것이 전부이므로 몇 만 원의 조식비용을 지불할 필요가 없어서 신청하지 않았다. 또한 객실의 시티뷰(톨레도 도심 전망) 가능 여부에 따라 30유로의 가격차이가 있다. 당연히 시티뷰를 선택했고, 173유로(4인 1박)라는 거금인 듯하지만 비교적 저렴한 비용으로 예약하였다.

우리가 배정받은 방은 톨레도 구도심이 환히 보이는 2층이었다. 2층이 최고층인 파라도르 발코니에 나와 보면 넓은 테라스가 있다. 이 테라스에서 연예인 지성과 이보영이 웨딩촬영을 하였다. 이들이 다녀간 이후로 톨레도 파라도르에 한국 여행객이 대폭 늘었다고 한다. 화보 촬영지로서 손색이 없을 뿐만 아니라 힐링을 위한 휴식 공간으로서도 좋은 장소일 것이다. 지도에서 보면 알 수 있듯이 파라도르는 미라도르와 거의 비슷한 곳에 있다. 단, 보다 높은 곳이기에 톨레도 구도심을 더 구석까지 볼 수 있다.

짐을 정리하고 톨레도 풍경이 보이는 테라스에서 시원한 캔맥주를 마시며 모처럼 휴식시간을 가졌다. 그런데 린과 예린은 이 멋진 풍경보다 와이파이가 연결된 스마트폰이 더 좋은가 보다. 그들의 관심은 파라도르에서 보는 톨레도의 풍경이 아닌 스마트폰의 콘텐츠이기 때문이다. 늘 그렇듯 예린은 개그 동영상을 봤고, 린은 포켓몬 고 게임이 우리나라에 출시되어 대한민국이 들썩거릴 정도로 난리가 났다며 한바탕 떠들어 댔다. 바르셀로나에서 스페인 여행을 시작할 때, 포켓몬 고 게임은 친구들 사이에서 자신만 할 수 있는 특별한 경험이라며 카카오 톡으로 자랑을 했었는데, 한국에서도 서비스가 시작되었다는 소식을 접하며 너무도 억울해한다.

가족여행을 하는 중이라도 개인마다 관심과 추구하는 색깔이 다르다.

50 | 파라도르 발코니
51 | 객실에서 본 구도심
52 | 미라도르에서 본 톨레도
53 | 엘 그레코의 톨레도

PORTUGAL

SPAIN

PART 11
세고비아와 마드리드

- 여행 10일 차 -

톨레도 파라도르의 아침

전날 늦게까지 톨레도 야경을 감상하며 맥주를 마셨음에도 불구하고 공기가 좋아서 그런지 숙취가 전혀 느껴지지 않았다. 욕실에는 버블 기능이 있는 욕조가 있어 버블 마사지를 하였다. 그리고 아침식사 평가가 좋은 파라도르 레스토랑으로 향했다. 개인의 취향에 따라 정도가 다르겠지만 파라도르 조식이 입맛에 잘 맞는다고 할 수는 없을 것 같다. 그렇다고 나쁘다는 뜻은 아니다. 빵과 고기, 과일 중심의 뷔페식이 입에 잘 맞는 편이 아니라 잘 먹고 나서도 왠지 허전하고 개운하지 않은 느낌은 몸의 컨디션을 끌어 올려주지 못했다. 대부분의 한국인들은 이 같은 느낌을 이해할 것이다. 그래서 가급적 호텔 조식보다는 밥을 먹는 것이 속이 편하고 몸에 활력도 주므로 활동하는 데 좋은 컨디션을 만들어준다. 린과 예린은 입맛이 없는 아침엔 누룽지가 제일 맛있다고 한다. 고소하고 목 넘김이 부드럽기 때문일 것이다.

파라도르 발코니에 서면 톨레도 도심뿐만 아니라 파라도르 주변 산책로가 보인다. 1시간만이라도 시간을 갖고 산책을 하였으면 좋겠다는 생각을 하지만, 느긋하게 짐을 싼 탓에 충분한 시간을 가질 수 없어 아쉬움이 크다. 이를 달래기 위해 파라도르 1층의 테라스에 내려갔다. 간밤에 비가 많이 왔었는지 땅이 촉촉하게 젖어 있고 물이 고여 있는 곳도 있었다. 아침 해가 구름 사이로 살짝 비칠 때면 톨레도 도심의 건물에 빛이 반사되어 시가지는 더욱 아름답게 보인다.

톨레도와 작별해야 하는 아쉬움 속에서 떠날 때는 타호강 변 도로를 따라 드라이브를 했다. 전날 건넜던 알칸타라 다리를 지나 톨레도가 멀어지면서 비가 내리기 시작했다. 부슬부슬 내리는 비는 강약을 반복하며 종일 이어진다.

파라도르 레스토랑

1층 테라스

아침 햇살에 비친 톨레도

라스 로자스 빌리지 아울렛

라스 로자스 빌리지 아울렛

 당초 일정은 세고비아와 콘수에그라를 방문하고 마드리드에 도착해서 렌터카를 반납한 뒤 마드리드의 밤 문화를 탐방하는 것이다. 그러나 여행이 막바지에 이르자 아내는 빡빡한 일정으로 인해 여행 중 쇼핑을 하지 못하고 있는 점이 아쉽다고 한다. 이 점에 대해서 생각을 하지 않고 있었던 것이 아닌데, 아내가 그렇게 말을 하니 쇼핑몰 방문에 시간을 많이 할애하기로 마음먹었다. 그래서 과감히 콘수에그라 방문을 접었다. 돈키호테에 나오는 풍차를 볼 수 있는 도시가 콘수에그라인데, 왕복 2시간에 1시간 정도의 관람 시간을 생각하면 3시간이 소요된다. 이 시간을 라스 로자스 빌리지(Las Rozas Village)에서 쇼핑하는 데 쓰는 것으로 일정을 변경하였다.
 라스 로자스 빌리지는 세고비아로 가는 중간에 있어 들러보기가 쉬우므로 가급적 단시간에 쇼핑을 하려고 마음먹었다. 그러나 쇼핑이란 생각처럼 짧은 시간에 끝나지 않는다. 또한 비가 오는 날씨로 인해 걷는 데 불편함도 많았다. 폴로(Polo), 반스(VANS), 게스(Guess) 등의 숍을 방문하여 저렴한 옷과 운동화를 구매하였다. 특히, 해마다 옷이 작아지는 린과 예린의 옷 구매에 비중을 많이 두었다. 오후 2시가

될 때쯤 쇼핑을 마치고 세고비아로 향했다. 렌터카를 이용하기 때문에 이동이 편리해서 시간을 많이 아끼고 있지만 하루 일정의 절반은 쇼핑이 되고 말았다.

세고비아 방향의 고속도로는 통행료가 있다. 대부분의 스페인 고속도로는 통행료가 없기 때문에 6.3유로의 통행료가 아깝게 느껴진다. 고도가 높아지면서 내리던 비는 함박눈으로 바뀌었다. 세고비아에 가까워질수록 고도는 낮아지고 눈은 다시 비로 바뀐다.

보석처럼 빛나는 중세의 수도

TIPS!! 세고비아

스페인에서도 손꼽히는 아름다운 성과 로마인이 남긴 700m가 넘는 수도교 등의 유산을 자랑하는 소도시다. 세고비아는 중세도시이자 옛 스페인 왕국의 수도였고 이슬람의 영향을 받았다는 점에서 톨레도와 유사한 부분이 많지만 톨레도가 도시적인 느낌이 좀 더 강한 반면 세고비아는 소박하고 고즈넉한 느낌을 가지고 있다.

오후 3시쯤 세고비아에 도착하여 수도교 앞에 위치한 지하주차장에 차를 세웠다. 주차장 도로 건너편에는 메리다에서 보았던 암늑대상이 보인다. 비가 내리고 있어 우비와 우산을 챙기고 세고비아 투어를 시작한다. 세고비아 관광은 구시가지 입구의 아소게호 광장에서 수도교를 보는 것으로부터 시작된다.

세고비아 투어에 앞서 점심식사를 하기로 했던 수도교 앞 메손 데 칸디도(Mesón De Cándido) 레스토랑에 들어갔다. 이 레스토랑은 여행 다큐멘터리 프로그램에 소개되어 유명하다. 세고비아에서 꼭 먹어봐야 하는 요리 중에 으뜸으로 꼽히는 메뉴가 코치니요 아사도라는 새끼돼지 요리다. 세고비아에서 유래하여 마드리드에서 온 관광객들에게 입소문이 났고 카스티야 지방에서는 크리스마스 때 먹는다.

이 음식은 역사적으로 이슬람교도에게 많은 희생을 제공한 음식이

기도 하다. 이사벨 여왕이 종교재판에 앞서 이교도들을 구별하기 위해 연회 때 이 음식을 내놓았다. 만일 돼지고기를 먹지 않는 사람들은 연회가 끝난 후 종교재판으로 넘겨져 죽임을 당할 수밖에 없었다. 코치니요는 새끼돼지를 뜻하는 말로 어미젖을 떼지 않은 생후 2주 정도의 새끼돼지를 재료로 사용한다. 이 레스토랑을 방문하는 한국인이 많아 한국어 메뉴판도 있다. 우리는 코치니요 1인분과 소고기구이 1인분을 주문했다. 가격이 비싸기도 했지만 우리 입에 잘 맞지 않을 것 같은 예감이 지배적이라 적당량을 주문하였다.

음식을 기다리고 있을 때 중국인 여행 가이드로 보이는 사람과 레스토랑 사장 간에 싸움이 붙었다. 중국인 가이드는 잘못된 음식을 제공했다며 화를 내고 사장은 문제가 없었다고 하는 것 같다. 중국인 가이드는 큰소리로 가게에서 소란을 피웠다. 싸움이 끝날 무렵 서로 영어로 하는 마지막 말을 들었다.

> (중국인 가이드) "당신, 이렇게 장사하면 여기에 다시는 오지 않겠다."
>
> (레스토랑 사장) "알았으니까 빨리 가라. 그리고 당신은 절대 여기에 오지 마라."
>
> (중국인 가이드) "그래. 두고 보자! 당신에게 좋지 않을 거야."

중국인 가이드는 레스토랑 밖에서도 화를 가라앉히지 못하며 흥분한 목소리로 관광객들에게 설명을 하고 떠났다.

싸움 구경이 끝날 무렵 주문한 음식이 나왔다. 코치니요 1인분은

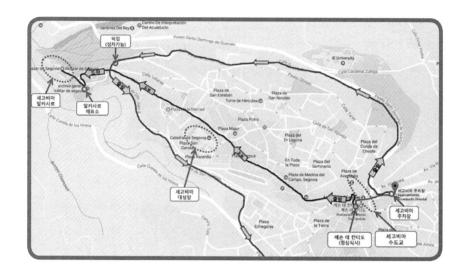

새끼돼지를 4분의 1로 자른 크기다. 린과 예린에게 고기를 한 점씩 떼어주니 잘 먹는다. 3~4점까지는 잘 먹었다. 그러나 딱 거기까지였다. 예상은 적중했다. 느끼해서 도저히 더는 못 먹겠다고 한다. 아내는 새끼돼지에 대한 안타까움 때문인지 징그러움 때문인지 전혀 입에 대지도 않는다. 결국 나머지는 나 혼자 먹게 되었다. 그나마 소고기 구이라도 조금씩 먹어서 다행이다. 옆 테이블에 앉아 있던 중국인 부부는 1인분씩 주문하더니 절반도 먹지 못하고 포크를 내려놓았다. 그들은 웨이터에게 포장을 부탁해서 가져가는 방법을 선택하였다. 부족한 점심식사는 빵과 과일로 대신하였다. 레스토랑 사장은 중국인들과 싸운 후 우리 가족에게는 극도의 친절함을 보이며 레스토랑 밖까지 배웅해 주었다.

수도교와 메손 데 칸디도

메손 데 칸디도(내부)

코치니요 아사도

세고비아 수도교 정면

세고비아 대성당

관광 안내소와 수도교 전망대(세고비아 성곽)

세고비아 수도교

TIPS!!

세고비아의 수도교는 유적으로서의 가치와 훌륭한 보존 상태로 유명하다. 특히 세계에서 가장 아름다운 도시 경관이 있는 곳이라는 이유로 토목 분야에서 가장 유명한 건축물 중 하나로 꼽히고 있다. 과다마라(Guadarrama)산맥에 있는 프리오(Frio)강의 강물을 평균 1%의 경사도를 유지하며 수로를 통해 18㎞ 떨어진 세고비아까지 흐르게 하였고, 수도교 끝부분에 있는 계곡을 가로지르기 위해 수도교를 건설하였다.

메손 데 칸디도를 나와 수도교가 시작되는 전망대에 올랐다. 성벽과 맞닿아 있는 전망대에 오르니 자유여행 중인 한국인을 만나게 되었다. 그들은 마드리드에서 버스를 타고 와서 당일치기 여행을 하고 떠난다고 한다. 세고비아 수도교는 2층 구조로 되어 있어 대단히 높고 웅장하다. 하지만 그동안 여행을 하면서 대단했던 유적들을 너무 많이 보아서인지 큰 감흥은 없어 보인다.

'아하. 이 건축물이 세고비아의 수도교구나!'

이 표현이 감흥의 정도를 대신해 준다. 에보라에서 수도교를 봤지만 그와는 비교할 수 없을 만큼 크고 웅장한 규모임에는 틀림없다. 물론 높이와 규모면에서는 에보라 수도교가 뒤지지만 장거리로 길게 뻗어 있는 길이를 보면 대단하다는 생각이 든다. 그러나 세고비아의 수도교는 돌 크기부터 바위처럼 거대하기 때문에 다르다. 저 큰 돌덩어리를 어떻게 올렸을지 놀랍다는 생각을 하지 않을 수 없다. 세고비아 수도교를 보면서 로마인들의 토목기술 수준을 높이 평가하지 않을 수 없다.

다시 아소게호 광장으로 내려와 관광 안내소에 들러 지도를 구했다. 지도를 보면 수도교에서 세고비아의 알카사르까지 거의 일직선으로 곧게 뻗은 길이 세고비아의 관광을 위한 동선임을 알 수 있다. 아소게호 광장과 알카사르의 중간 지점에는 세고비야 대성당이 있다. 대성당이라는 이름이 붙여져 있기 때문에 웅장하고 화려해 보인다. 하지만 대성당에서는 외관을 감상하고 기념사진을 찍는 것이 전부였다. 이처럼 대단해 보이는 대성당 내부 관람은 무료입장을 시켜줘도 포기할 것이다. 화려하고 웅장한 대성당을 몇 군데만 보고 나면 비슷한 유형의 건축과 내부 장식이므로 감흥은 거의 없고 지루해진다. 그래서 색다른 건축양식인 사그라마 파밀리아 성당이 여행자의 눈을 사로잡는 것 같다.

세고비아 알카사르

추적추적 내리는 비를 맞으며 깔끔하게 단장된 세고비아의 작은 골목길을 걸어 알카사르 정문에 도착하였다. 이곳에서 멋진 로마 군복 차림의 아저씨를 만났다. 그냥 지나가려다가 비가 오는데도 불구하고 웃으며 우리를 반겨주는 아저씨의 수고로움에 대한 보답으로 2유로를 건네주었고 기념사진을 찍었다. 로마 군인과 찍은 사진은 현실감이 있어 제법 그럴 듯해 보였다. 사진이 잘 찍힌 걸 보면 로마 군인을 그냥 지나치지 않은 것은 잘한 일이다.

정문을 통과하면 왼쪽 건물에 매표소가 있고 정면에는 알카사르가 보인다. 알카사르는 수도교와 더불어 세고비아에 방문하도록 만드는 세고비아의 성이다. 실제로 보게 된 알카사르는 기대했던 것보다 감동이 크지는 않았다. 그래도 월트디즈니 신데렐라성의 모델이 되었다니 자세히 보면 볼수록 궁전의 모습이 멋있어 보인다. 세고비아의 알카사르는 평지에서 우뚝 솟아있는 독특하고 특별한 성이다. 개인적으로 더 매력적인 곳은 알카사르의 배경이 되는 넓은 들판이다. 살짝 굽어지는 도로가 있는 언덕이 왠지 모르게 익숙하게 느껴졌다. 그 언덕은 어릴 적 고향에서 보았던 언덕과 같은 느낌이 있고 왠지 모를 정겨움이 느껴지는 그림과 같다.

먼저 온 한국인들에게 성 내부 관람이 어땠는지 물어보니 다른 왕궁과 별다른 차이가 없다고 한다. 매표소에서 티켓 3개를 구매하여 아내에게 린과 예린을 데리고 성 내부를 구경하도록 부탁하였다. 성 내부 관람은 40분 정도 소요될 것으로 예상된다.

그동안 나는 렌터카를 가지러 아소게호 광장에 다녀오기로 했다. 성 내부를 관람하고 아이들과 함께 주차장까지 간다면 시간이 많이 소모되어 계획한 일정대로 시간을 맞출 수 없을 것 같았기 때문이다. 특히 마드리드에서 렌터카 반납 시간을 저녁 7시로 예약해두어 이 같은 방법을 써서라도 시간을 단축할 필요가 있었다. 아소게호 광장 지하주차장의 주차요금은 약 7유로(약 2시간 30분)나 되었다. 알카사르에 가는 도로는 가파른 골목길도 있는데 길을 잘못 들어 헤매다 보니 약속 시간보다 조금 늦어졌다. 이미 가족들은 알카사르 입구까지 나와 있었다. 린과 예린은 성 내부 관람에 대한 소감을 이야기해주는데, 그 이야기는 나중에 듣기로 하고 세고비아를 떠나 마드리드 방향으로 가는 길을 찾는 데 집중해야 할 것 같았다.

알카사르 정문 앞 로마 군인

알카사르 해자   알카사르

세고비아 들판

기사 갑옷   알카사르 내부

곰의 도시 마드리드를 향해서

TIPS!!

마드리드는 10세기경 톨레도를 방어하기 위해 무어인이 세운 성채에서 시작되었고 마헤리트라고 불렸다. 1083년 알폰소 6세(카스티야 왕)가 무어인들을 몰아내고, 1561년 펠리프 2세가 당시의 강대한 왕국을 다스릴 중앙정부 청사를 건설했다. 국토의 중앙에 있다는 이유로 톨레도에서 이곳으로 수도를 옮기고 바야돌리드의 궁전도 이곳으로 옮겼다.

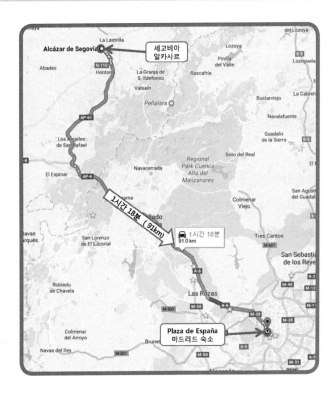

세고비아에서 마드리드로 가는 길에는 고속도로가 아닌 일반국도(701번 도로)가 있다. 풍경이 아름다워 드라이브 코스로 좋다고 알려져 있어 이 도로를 이용하기로 했다. 이것은 마드리드와 세고비아를 연결하는 구도로인데 흰 눈이 쌓인 뻬냘라라 국립공원(Parque Natural de Peñalara)을 통과하게 된다.

출발한 지 20분쯤 되었을 때 눈이 내리면서 도로 위에 쌓이기 시작했다. 몇 번의 급커브 길을 지날 때 승용차 1대가 길가에 미끄러져 배수로에 빠진 것을 보았다. 상황이 이렇다 보니 지난해 돌로미테 여행이 생각났다. 함박눈이 내리는 상황에서 돌로미테산 고개를 몇 개씩이나 넘었던 힘들고 위험한 상황이었다. 이때 체인을 장착할 줄 몰랐던 여행자에게 도움을 준 것은 이탈리아 청년이었다. 그 청년의 도움으로 체인을 달았기에 그 위험하고 위태로운 상황을 벗어날 수 있었다. 그와 유사한 위험이 오늘 또 일어날 것만 같았다. 뻬냘라라 국립공원으로 더 깊숙이 들어가기 전에 판단을 해야 했다. 지난해 경험은 눈길을 따라 큰 산을 넘어가는 운전이 얼마나 위험한 모험인지 알게 했다.

결국 차를 돌렸다. 가던 길을 포기하고 고속도로로 되돌아오는 데 시간만 낭비한 꼴이 되고 만 것이다. 하지만 안전이 최우선이다. 더구나 국내여행도 아닌 해외여행이므로 잘 판단했다고 본다. 고속도로에서도 눈이 많이 내리고 있었으나 제설작업이 즉시 이루어지고 있었다.

프라자 데 에스파냐 호텔

　호텔 체크인은 아내에게 맡기고, 렌터카 반납을 위해서 식스트 렌터카(Sixt Rentalcar) 주차장으로 향했다. 호텔 프런트에서 식스트 렌터카 주차장 위치를 정확히 파악하고 갔음에도 불구하고 입구를 지나쳐 버린 탓에 꽤 긴 시간 동안 블록을 돌아야 했다. 어렵게 식스트 렌터카 주차장에 들어갔는데 관리인이 보이지 않았다. 너무 늦게 도착하여 관리인이 퇴근하고 없는 것 같아 왠지 불안했다.

　그러나 걱정은 기우였다. 곧 근무복을 입은 쾌활하고 친절한 스페인 젊은 청년이 다가와서,

　"이 차 어디에서 빌렸니? 여행은 재미있었니? BMW는 좋은 차인데 어땠니? 어느 나라에서 왔니?"

　라며 많은 질문을 한다. 대답을 대충 하였더니 잠깐 따라오라고 한다.

　그 직원은 빨간색 BMW 차 앞에서 걸음을 멈추고 손으로 차를 가리키며 관심 있게 봤으면 좋겠다고 한다. 그 차량은 최고급 BMW 스포츠카로 보인다. 직원은 나에게 엄지손가락을 추켜세우며 말한다.

　"다음에 마드리드에 여행을 오게 되면 이 차를 렌트해 보면 좋겠

어. 그럼 정말 좋을 것 같아"라고 한다. 그런 그에게 내가 궁금해 하는 사항을 물었다.

"알았어. 그런데 내 차가 빗길을 다녔기 때문에 많이 더럽거든. 세차비용이 얼마나 청구될 것 같니?"

"그까짓 것 신경 쓰지 마."

"고마워."

주차장을 떠나기 전, 차 내부에 빠트린 물건이 없는지 다시 한 번 확인하던 중 뒷좌석 바닥에 떨어진 미러리스 카메라를 발견하였다. 만일 확인하지 않았다면 그동안 찍은 사진을 모두 잃어버렸을 것이다.

어두운 골목길을 나오면 스페인 광장을 가로질러 가야 한다. 스페인 광장은 돈키호테와 산초의 동상으로 유명하기 때문에 관광객들이 많이 찾는 명소다.

마드리드 숙소를 스페인 광장 옆 프라자 데 에스파냐(Plaza de Espana)로 정한 특별한 이유는 식스트 렌터카 사무실과 가깝기 때문이다. 또한 호텔의 가격이 4인 객실 기준으로 저렴한 편이었으므로 가격과 위치라는 2가지 조건을 모두 만족시켰다. 게다가 스페인 광장 바로 앞에 있으므로 마드리드 도보 여행을 하기에 편리한 위치이기도 하다. 숙소에 들어와 보니 침대 4개가 있는 객실의 크기도 넉넉하고 취사시설도 되어 있어 만족스러운 호텔 선정이었다고 본다.

린과 예린은 침대에 누워서 게임을 하고 있고, 아내는 짐 정리를 거의 마친 상태였다. 오후에 메손 데 칸디도에서 먹었던 느끼한 코치니요 아사도 때문인지 속을 개운하게 해 줄 수 있는 라면을 먹고 싶었다. 라면을 끓이고 남아 있는 햇반과 반찬으로 저녁 식사를 하였다.

린과 예린을 데리고 마드리드 시내 야경을 보러 가는 것은 비효율
적일 것이다. 린과 예린도 호텔에 남아 스마트폰 게임과 드라마 시청
을 즐기는 편이 더 좋다고 하여 아내와 둘이서 시내를 돌아보기로 하
였다. 여행 중 아내와 단둘이 보내는 시간은 미하스 이후 처음이다.
아이들 없이 자유롭고 편안한 시간을 가질 기회가 쉽게 오지는 않는
다.

마요르 광장의 밤 문화

마요르 광장을 시작으로 헤밍웨이의 단골 식당이라는 보틴(Botin) 레스토랑과 산 미구엘 시장을 돌아보았다. 스페인 광장에서 마요르 광장으로 가는 길은 그랑비아 거리다. 그랑비아 거리는 마드리드의 시내 중심을 통과하는 중심도로라서 항상 사람들로 붐빈다. '라이언 킹'을 뮤지컬로 만든 작품인 '사자왕(El Rey Leon)' 공연을 보기 위해 사람들이 길게 늘어선 극장도 있었다. 마요르 광장에 거의 도착할 무렵 뚜론 가게를 발견했다. 뚜론은 땅콩, 아몬드, 마카다미아 등에 꿀을 넣어 굳힌 캐러멜 과자인데, 우리나라의 엿 혹은 강정과 비슷한 느낌이다. 스페인의 전통 과자인데 주로 크리스마스 시즌에 샴페인과 함께 먹는다고 한다.

마요르 광장에는 생각했던 것보다 사람들이 많지 않았다. 밤이 되면 음악가들은 흥을 돋우고 사람들은 타파스에 와인 잔을 기울이며 낭만을 즐기는 공간이 된다고 하는데 겨울이라 그런 모습은 볼 수 없었다. 마요르 광장에 방문한 기념으로 펠리페 3세 기마상 앞에서 기념사진을 찍고 보틴 레스토랑으로 가 보았다.

보틴은 헤밍웨이의 단골집이고 오래된 레스토랑이라는 이유로 유명

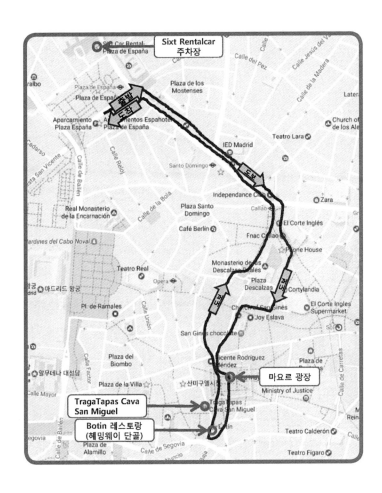

TIPS!!

보틴 레스토랑

보틴 레스토랑은 세계에서 가장 오래된 레스토랑으로 기네스북에 기록되어 있고 어니스트 헤밍웨이의 단골집이라고 한다. 그래서 한 번쯤 방문해 보게 되는 맛집으로 유명해졌다. 다녀온 사람들에 의하면 가격이 그리 싸지는 않고, 우리의 입맛과도 다소 거리가 있을 수 있다.

산 미구엘 시장

산 미구엘 시장(Mercado de San Miguel)은 마드리드 마요르 광장 서쪽에 위치한다. 신선한 과일과 채소, 하몬, 치즈 등 다양한 식재료를 판매하고 백화점의 푸드코트처럼 깔끔한 분위기에 간단한 식사나 음주를 즐길 수 있는 바가 많이 있다. 가격은 비싼 편이다.

세가 대단하다고 한다. 특히 세고비아에서 먹었던 돼지구이인 코치니요 아사도가 유명하다. 하지만 원조는 세고비아의 메손 데 칸디도(Mesón De Cándido) 레스토랑이라고 한다. 보틴의 내부를 들여다보니 손님들이 거의 없는 데다 가격도 비싸다는 평이 많아서 들어가지는 않았다.

우리는 가볍게 한잔할 수 있는 주점을 찾아 산미구엘 시장으로 들어갔다. 산미구엘 시장은 전통시장이라기보다 야시장이라고 하는 편이 더 정확할 것 같다. 시장 안은 해물을 비롯한 여러 가지 야식을 즐기고 있는 사람들로 북적거렸다. 이곳 시장도 유명세 때문인지 가격들이 상당히 비싼 편이었다. 또한 시끌벅적해서 편한 마음으로 한잔할 수 있는 분위기가 아닌 탓에 구경만 하고 나왔다.

가볍게 한잔할 수 있는 타파스 가게를 찾아 들어간 곳은 트라가타파스 카바 산 미구엘(TragaTapas Cava San Miguel)이었다. 20대에서 40대 연령층의 손님이 많아 웃음과 활력이 느껴지고 진지한 대화를 나눌 수 있는 분위기였다. 멋들어진 하얀색 오크통 테이블에서 맥주를 즐길 수 있는 데다 가성비도 좋아 마음에 들었다.

주점 분위기에 동화되어 즐기는 맥주와 타파스 맛은 일품이었다. 스페인에서의 마지막 밤은 이렇게 지나갔다.

또론

사자왕 극장

마요르 광장 야경

보틴 레스토랑 내부

산 미구엘 시장의 식재료

산 미구엘 시장

트라가타파스 카바 산 미구엘(TragaTapas Cava San Miguel)

PORTUGAL

SPAIN

PART 12

마드리드

- 여행 11일 차 -

스페인의 중심에 서다

　스페인 여행 마지막 날이다. 오늘은 마드리드 명소 중심으로 다닐 생각이다. 내부관람은 가장 유명하다고 할 만한 곳을 하나만 골라 해보기로 했다. 그래서 선택한 장소는 스페인이 낳은 유명한 화가 고야와 벨라스케의 작품들이 전시된 프라도 미술관이다. 그 외의 시간에는 마드리드 명소를 종횡무진하며 걸어 다닐 계획이다.

　아침엔 생각보다 일찍 일어났다. 전날 야경을 즐기며 방문했던 엘 코르테 잉글레스는 폐장이라 들어가지 못했다. 그래서 일찍 엘 코르테 잉글레스에 가서 기념품이나 선물이 될 만한 것들을 사기로 했다. 엘 코르테 잉글레스는 칼라오 광장(Plaza del Callao) 근처에 두 군데나 있다. 쇼핑의 주요 품목은 스페인 여행 시 선물 추천 목록으로서 와인, 국화차, 맥주, 올리브 오일, 꿀 등이다. 그중에서 꿀, 올리브 오일, 국화차 등을 들고 갈 수 있을 만큼만 집중적으로 샀다. 많이 구매한 만큼 고통도 따랐다. 무게를 생각하지 않고 과욕을 부린 탓에 호텔까지 힘들게 들고 가야 했기 때문이다.

- 꿀 국화차(Manzanilla)

향긋한 꿀을 넣은 국화차는 대표적인 스페인 여행선물로서 좋다. 꿀 국화차 브랜드는 오르니만스(HORNIMANS)와 하센다도(Hacendado)가 있는데, 오르니만스는 꿀 향이 달지 않고, 하센다도는 달콤한 꿀맛이 느껴진다.

- 올리브 오일

스페인은 세계 올리브 오일 생산량의 40퍼센트를 차지하는 최대 생산국이면서 품질도 최고급이다. 좋은 올리브 오일을 고르는 방법은 엑스트라버진(Extra Virgin)이 표기된 제품으로 플라스틱 페트병이 아닌 유리병에 담긴 것을 고르는 것이다. 플라스틱 병에 있는 것으로 샀지만 품질은 최고였다.

- 뚜론(Turron)

선물하기 좋은 스페인 전통 과자다. 우리나라 강정과 비슷한 디저트로 견과류, 초콜릿, 과일 등을 넣은 다양한 종류가 있다.

- 리오하(Rioja) 와인

리오하(Rioja) 지역은 프랑스 보르도에 비견되는 스페인 최고의 레드와인 산지다. 와인 브랜드에 구애받지 않고 저렴한 가격으로 6병을 구매하였다.

- 하몬(Jamon)

세계적으로 사랑받는 스페인의 하몬은 통째로 소금에 절여 숙성시킨 햄으로 종류는 세라노(백돼지)와 이베리코(흑돼지)가 있다. 안달루시아 지방 여행 중 시식해 본 결과 입맛에 안 맞았다. 아무리 맛이 좋기로 유명하더라도 내 입맛에 안 맞으면 그만이다.

- 에스빠드류(Espadrille)

'알파르가타(Alpargata)'라고도 불리는 스페인 신발을 사고 싶었으나 가게를 찾지 못했다.

마드리드 바자하르 공항에서 밤 12시에 출발하는 비행기를 타야 하기 때문에 호텔에서 충분히 쉬었다가 느긋하게 나서기로 했다. 그 전에 짐을 모두 정리하여 프런트에 맡겨 두었다. 호텔에 돌아왔을 때 곧바로 공항으로 떠나기 위한 것이었다.

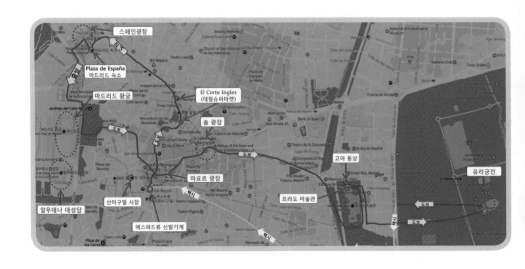

세르반테스(돈키호테 동상)

사바티니 정원

스페인 광장

TIPS!!

스페인 광장(Plaza de España)은 스페인 마드리드에 있는 광장으로 그랑비아 거리가 시작되는 지점에 있다. 1916년 스페인의 대표적인 작가 미겔 데 세르반테스의 사후 300주년을 기념하여 만들어졌다. 광장 중앙에는 세르반테스의 기념비가 있고, 그 앞에는 애마 로시난테에 올라탄 돈키호테와 노새를 탄 산초 판사의 동상이 있다.

스페인 광장은 숙소(프라자 데 에스파냐 호텔) 앞에 있어 마드리드 여행의 첫 방문지가 되었다. 아침까지 한산했던 광장은 12시가 될 무렵 중국인 패키지 여행객들과 일반 여행객들이 오가면서 활기를 띠고 있었다. 아침 일찍 방문했더라면 주변 사람들에 구애를 받지 않고 돈키호테, 산초와 함께 사진을 찍을 수 있었을 것인데, 아쉽게도 많은 관광객과 뒤섞여 사진을 찍을 수밖에 없었다. 돈키호테 뒤에는 작가 세르반테스의 동상도 있다. 대머리 아저씨가 근엄한 자세로 앉아 있는 모습은 세종대왕 못지않게 품위를 갖춘 모습이다. 스페인 광장의 이모저모를 구경하고 다음으로 간 곳은 마드리드 왕궁이다. 가는 길에 사바티니 정원을 통과하게 된다.

마드리드 왕궁

TIPS!!

스페인 건축물의 절정이라고 평가받는 마드리드 왕궁(Palacio Real de Madrid)은 화려함과 규모면에서 스페인을 대표하는 명소라고 할 수 있다. 동쪽에 있어 '오리엔테 궁전(Palacio de Oriente)'이라고도 불린다. 스페인 왕의 공식 거처이자 왕실의 상징인 곳으로 9세기에 이슬람 교도가 당시 스페인의 수도였던 톨레도를 방어하기 위한 목적으로 성채를 세운 자리에 있다. 1734년 크리스마스 전날 화재로 소실되었다. 펠리페 5세가 그 자리에 사각 중앙 정원식으로 왕궁을 건설하였는데 화재가 재발하지 않도록 예방할 수 있는 돌과 화강암으로만 건축하였다.

사바티니 정원 옆에 위치한 마드리드 왕궁(Palacio Real de Madrid)에 도 착했을 때 근위병 교대식이 한창 진행되고 있어 많은 관광객들이 펜스 앞을 가로막고 있었다. 근위병 교대식이 거의 끝날 무렵이라 오래 보지 는 못했지만 멋진 말에 탄 군복 차림의 스페인 군인을 볼 수 있었다.

내가 처음 보았던 근위병 교대식은 1995년 1월 버킹엄 궁전이다. 영 국의 특색 있는 군복차림에 말을 탄 근위병 대열의 모습은 위엄과 강 인함이 묻어나는 모습이었다. 이런 영국의 근위병 교대식은 일반 관광 객들에게 인기가 좋았는데 국가의 격을 보여주는 퍼포먼스라는 생각 이 들었다. 나라마다 근위병 교대식을 하는 것도 영국을 벤치마킹한 것 같다는 생각이 들었다. 언제부턴가 화려한 근위병 교대식은 나라 마다 관광객들에게 보여주는 좋은 퍼포먼스가 되고 있기 때문이다.

근위병 교대식

펠리페 4세 청동기마상

마요르 광장

이사벨 2세 광장을 지나 조금만 걸어가면 마요르 광장에 이르게 된다. 전날 밤에 보았던 모습과는 달리 관광객이나 파라솔이 있는 의자에 앉아 휴식을 즐기는 젊은이들이 많았다. 광장 중앙에서는 덩치 큰 아저씨가 대형 비눗방울 퍼포먼스를 선보이며 관광객들의 시선을 사로잡는다. 이 재미있는 퍼포먼스를 보기 위해 근처의 모든 어린이들이 모여들었다. 아이들은 비눗방울을 터트리는 재미에 빠졌다. 물론 린과 예린도 외국인 어린이들과 함께 그 놀이를 즐겼다. 비눗방울 공연이 마요르 광장에 대한 역사적인 이야기보다 더욱 기억에 남을 것 같다.

마요르 광장 중앙에는 펠리페 3세 청동 기마상이 놓여있다. 우리 나라에서 오래된 동상을 떠올린다면 신라와 고려시대의 부처님 좌상이 생각날 테지만 스페인에는 왕들의 오래된 동상이 많다. 이 청동 기마상은 1616년에 제작되어 1848년에 광장으로 옮겨왔다. 펠리페 3세는 마드리드 출생으로 펠리페 2세와 신성로마황제 막시밀리안 2세의 딸 안나의 아들이다. 유럽의 왕들은 정략결혼을 많이 한 탓에 오스트리아의 합스부르크 왕가, 부르봉 왕가, 영국 왕실과도 혼인 관계를 유지하고 있다. 그러므로 혈통에 따라 민족을 분류하는 것이 무의미하다.

마요르 광장을 벗어나 솔 광장으로 가던 중 사람들이 길게 줄을 서 있는 가게를 하나 발견하였다. 나중에 알게 된 사실이지만 이 가게는 '라 캄파냐(La Campana)'라는 유명한 맛집이었다. 손님이 많으면 검증된 맛집일 것이라는 확신이 있기에 무엇을 파는지도 모르는 상황에서 줄을 섰다. 손님들은 오징어 햄버거를 테이블에 앉아 먹고 가거나, 포장을 해서 가져간다. 우리는 오징어 햄버거 3개와 소시지 햄버거 1개를 주문하여 늦은 점심 식사를 하였다.

54 | 비누방울 길거리 공연
55 | 펠리페 3세 청동기마상
56 | 오징어 햄버거 가게

솔 광장

TIPS!! 솔 광장

푸에르타 델 솔은 '태양의 문'이라는 뜻으로 16세기까지 태양의 모습이 새겨진 중세시대 성문이 있었으나 현재는 없다. 마드리드의 주요 관광지가 주변에 위치하며 에스파냐 곳곳으로 통하는 9개의 도로가 시작되는 등 마드리드 관광의 거점이다.

스페인 여행을 하다 보면 '푸에르타 델 솔'이란 명칭을 많이 보게 된다. 도시 성문의 이름을 이렇게 부르는 경우가 많고, 문에 태양이라는 이미지를 삽입하는 경향이 있다. 어쨌든 지금은 솔 광장에 문이 없지만 문이 있던 중세시대에 푸에르타 델 솔이 있었고, 이 광장은 그 이름을 가져와 솔 광장이라고 부른다.

솔 광장은 마드리드 여행의 중심 지역임을 알리듯 쇼핑이나 휴식을 나온 사람들이 넘쳐났고, 각종 퍼포먼스를 진행하고 있는 길거리 연기자들이 곳곳에 있었다. 우리가 솔 광장에 들어섰을 때, 가장 시선을 끄는 퍼포먼스는 보드를 타고 날고 있던 보더의 모습이었다. 공중에 떠서 정지되어 버린 보더의 모습이 신기했던 터라 예린이가 사진을 찍고 싶다고 해서 1유로를 동전함에 넣고 사진을 찍어 주었다. 또다시 눈에 들어온 퍼포먼스는 괴물 의상을 입은 외계인이다. 이런 퍼포먼스는 아내가 징그럽다며 빨리 지나가자고 한다.

마요르 광장처럼 솔 광장에도 말 타는 청동상이 있다. 카를로스 3
세가 청동상의 주인공이다. 늠름한 모습의 청동상은 관광객들의 관
심 대상은 아닐 것 같아 보인다. 솔 광장 최고의 명물은 산딸기를 먹
고 있는 곰 동상이다. 그런데 우리 눈에는 이 곰 동상이 쉽게 들어오
지 않았다.

솔 광장에서 벗어나 프라도 미술관으로 가야 할 차례다. 마드리드
여행을 하면서 왕궁이며 박물관, 기념관 입장을 생략하였으나 프라
도 미술관만큼은 작품 감상을 해볼 생각을 하고 있었다. 특히 미술
관 투어는 마드리드 여행의 꽃이라고 할 수 있기 때문이다. 그중에서
도 프라도 미술관은 궁정 예술의 절정을 전시하는 세계 3대 미술관
이다. 프라도는 목초지를 뜻하는 말이다. 그렇지만 현재는 스페인 국
민의 문화적 자존심을 상징하는 말로 통하고 있다. 흔히 뉴욕의 메
트로폴리탄 미술관, 영국의 내셔널 갤러리와 함께 세계 3대 미술관으
로 꼽히는 프라도 미술관의 소장품은 개관 당시의 스페인 궁정 미술
품과 이후에 들어온 이탈리아 르네상스 시대의 미술품이 주를 이루
고 있다.

57 | 카를로스 3세
58 | 산딸기 나무와 곰
59 | 거리 예술

고야와 벨라스케스의 작품 관람
프라도 미술관

　입구를 미리 확인하지 않고 왔던 탓에 미술관을 한 바퀴 돌고 나서야 들어갈 수 있었다. 덕분에 입구와 거리가 먼 벨라스케스 동상을 볼 수 있었고, 입구 맞은편의 고야 동상도 보게 되었다. 입장료는 1인 15유로(만 12세 미만은 무료)이고, 오디오 가이드를 빌리는 데 4.5유로다. 유명한 관광명소에 들어가자면 거의 대부분 보안 검색을 하듯 프라도 미술관에 입장할 때도 역시 보안검색이 철저히 이루어진다. 카메라를 포함한 거의 모든 소지품은 물품보관구역에 맡기고 관람을 해야 한다.

60 | 돈키호테
61 | 벨라스케스 상
62 | 고야 상
63 | 프라도 미술관 옆 산헤로니모 왕립교회

　여행 전 프라도 미술관을 대표하는 작품들에 대한 공부를 한다고
는 했지만 워낙 광범위한 작품들이 전시되어 있기 때문에 꼭 보고 싶
은 작품들을 찾기가 쉽지 않았다. 또한 장시간 서있어 힘든 점도 미
술관 관람을 어렵게 만드는 요인이 된다. 그렇지만 보고자 했던 대표
작품들은 모두 찾아서 보았다. 작품을 감상하는 즐거움 못지않게 어
려운 과제를 잘 수행한 것 같은 성취감이 들었고 만족스러운 관람이
된 것 같았다. 프라도 미술관에 들어가면 사진을 찍을 수 없으므로
팸플릿에서 얻은 사진과 해설을 인용하여 대표적인 작품을 살펴보았
다(부록 3 참고).

레티로 공원과 유리 궁전

TIPS!! 유리 궁전(Palacio de Cristal)

레티로 공원의 가운데 위치한 유리 궁전은 런던의 크리스털 팰리스를 모델로 설계한 아름답고 인상적인 건축물이다. 1887년 당시 스페인의 식민지였던 필리핀의 이국적인 동식물을 전시하기 위해 만들었다.

프라도 미술관 관람을 마치고 나온 시간은 저녁 6시 30분이다. 남은 시간에 어디를 가야 할지 아내와 논의하는데, 예린이가 마드리드의 유리 궁전에 가야 한다고 주장한다. 예린이가 여행 전 읽었던 동화책에 따르면 마드리드에 가서 꼭 방문해야 할 장소가 레티로 공원 중앙에 있는 유리 궁전이라고 한다. 지금은 일반인들이 자유롭게 드나들며 산책하고 조깅도 하게 됐지만 17세기에는 왕실만 사용할 수 있었다. 복잡한 마드리드에서 레티로 공원은 좋은 휴식 장소일 것이다. 울창한 나무 사이의 새 지저귐은 숲속에 있는 듯한 느낌이 들게 했다. 한편으로는 서울의 숲과 비슷한 느낌이다.

마침내 도착한 유리 궁전은 썰렁했다. 유리 온실 건물 같기도 하며 뼈대만 만들어 놓은 골조 같기도 했다. 그렇지만 궁전의 모양은 갖추고 있었다. 늦은 시간이라 입장은 할 수 없었고, 굳이 입장을 하지 않아도 내부가 모두 보이기 때문에 상관없었다. 정문 입구 앞에는 호수로 이어지는 계단이 있다. 점점 어두워져 가면서 조명에 비친 궁전과 연못이 우아한 분위기로 변했다. 관광객 혹은 데이트를 즐기는 사람들은 계단에 앉아 시간을 보내는데 유리궁전의 분위기와 잘 어우러진다.

저녁 7시 이후 유리 궁전은 완전한 밤이 되었다. 레티로 공원을 떠나야 할 시간이다. 알칼라 문에도 들러보고자 하였으나, 이미 어두워진 데다 린과 예린이 힘들어하는 것 같아 알칼라 문 방문은 접기로 했다. 시간과 체력 안배를 위해 택시를 타고 솔 광장으로 되돌아 왔다.

솔 광장 근처의 신발가게에서 에스빠드류를 사고자 했으나 전날처럼 문이 닫혀있어 에스빠드류 신발 구입은 포기해야만 했다. 대신 호텔 방향으로 걸어가 엘 코르테 잉글레스에 들러 부족했던 쇼핑을 하였다.

64 | 유리궁전 앞 호수
65 | 유리궁전

오랄레 에스파뇰

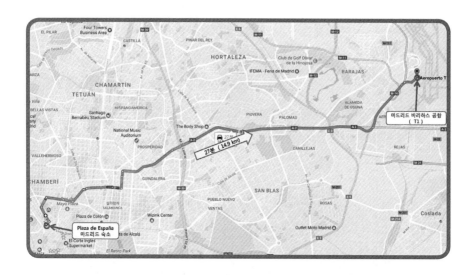

엘 코르테 잉글레스에서 쇼핑을 마치고, 저녁 9시에 호텔에 도착했다. 프런트에 맡겨 두었던 짐을 되찾고 호텔직원에게 콜택시를 요청하였다. 호텔 직원이 우리의 짐을 보더니 택시 2대를 불러야겠다고 한다. 내가 밴을 부르면 어떻겠냐고 하였더니, 밴의 요금은 비싸므로 공항까지 정찰가가 30유로인 택시 2대를 이용하는 편이 더 좋을 것 같다고 한다. 공항까지 택시 1대에 30유로라면 괜찮은 가격으로 판단되어 이 방법을 이용하기로 하였다. 린과 아내가 먼저 택시를 탔고, 예린이와 나는 10여 분 후에 온 택시를 타고 갔다.

늦은 시간 탓인지 바라하스 공항 내부는 이용객들이 거의 없다. 러시아 항공 카운터에서 항공티켓을 발급받고 수화물을 부치려고 할 때 문제가 발생하였다. 와인을 많이 샀던 탓에 캐리어의 무게가 많이 나갈 것 같았는데, 그 예상이 틀리지 않았다. 캐리어 2개가 27㎏이나 되었다. 이대로 수화물 발송을 하면 약 100유로의 추가 요금이 발생한다고 하니 고민이 되었다. 3~4유로에 샀던 올리브 오일이나 값싼 와인을 버릴까 고민을 하던 중 아내가 물건들을 정리해 보자고 제안을 했다. 큰 무게의 물건들은 가급적 배낭에 넣어 기내로 가져가고 부피가 큰 물건을 캐리어에 넣고 무게를 균등하게 맞추어 보았다. 공항 대합실에서 창피함을 무릅쓰고 캐리어들을 활짝 열어 짐 정리를 다시 했다. 이것이 꽤 힘든 노동이었던지 얼굴이 땀범벅이 되었다. 다행히 사람들이 거의 없어 창피함은 피할 수 있었다. 그리고 다시 발권 카운터에 가서 무게를 확인해보니 2개 캐리어를 한 쌍으로 해서 47㎏이 살짝 초과되었다. 우리의 노력을 가상하게 여겼던지 항공사 직원은 옆자리의 직원과 상의하고 나서 오케이 사인을 해주었다. 여행의 마지막은 약 10만 원이란 추가 요금을 아끼기 위한 열정으로 장식되었다.

이렇게 12일간의 스페인, 포르투갈 여행은 끝에 이르렀다. 뜨거운 태양의 문이 있는 나라 스페인은 강렬한 인상만큼 오래도록 추억에 남게 될 것이다.

부록1 사그라다 파밀리아 성당 해설

    사그라다 파밀리아 성당은 로마 가톨릭 성당이다. 사그라다 파밀리아는 '성 가족'이라는 뜻으로 예수와 마리아, 성 요셉을 뜻한다. 유네스코가 세계문화유산으로 등재한 건축물 중 유일하게 짓고 있는 건축물로서 입장료와 헌금으로 공사하고 있다. 스페인의 세계적인 건축가 가우디가 설계하고 직접 건축 감독을 하였는데 1882년 공사를 시작하여 1926년 죽을 때까지 교회의 일부만 완성하였다. 그 후 나머지 부분은 그의 뜻을 받들어 가우디가 남긴 도면과 노트를 통해 전 세계 후예들이 나머지 공사를 하고 있다.

    사그라다 파밀리아 성당에는 동쪽(탄생 파사드), 서쪽(수난 파사드), 남쪽(영광 파사드)에 3개의 파사드(성당으로 들어가는 주출입구를 뜻한다)가 있다. 각각의 파사드 위에는 2개씩 짝을 이룬 4개의 첨탑이 세워져 있고, 탑은 모두 12개가 되는데 이것은 예수의 열두 제자를 상징한다. 북쪽에는 성모마리아를 뜻하는 큰 탑이 올라간다. 성가족 성당은 성경 한 권을 건물로 표현하고 있어 글을 모르는 사람도 파사드의 조각만 보고 예수의 삶을 알 수 있도록 꾸며 놓았다.

탄생의 파사드(Nativity facade)

가우디가 직접 설계하고 만든 것으로 예수의 탄생부터 유년시절을 묘사해 놓았다.

탄생의 파사드 전면 조각상 위치

아래 표의 번호는 조각의 의미를 정리한 것이고, 사진에도 조각의 의미와 같은 번호를 표시하였으므로 예수의 탄생 스토리를 쉽게 확인할 수 있다.

4개의 첨탑							
거룩하시도다 (Sanctus)			① 사이프러스 나무와 비둘기	거룩하시도다 (Sanctus)			
			② 성모마리아 대관식				
⑨ 리아와 요셉의 정혼			③ 수태고지	⑬ 아기예수 탄생			
			④ 베틀레헴의 별				
⑩ 요셉과 아이 예수			⑤ 천사들의 찬양	⑭ 제사장들과 토론하는 예수			
⑪ 성가족의 이집트 피난	⑫ 로마병사의 아이들 살해	⑦동방박사들	⑥ 예수의 탄생	⑧ 목동들	⑮ 마리아와 엘리사벳		⑯ 목수 예수
소망(왼쪽문)		사랑(중앙문)			믿음(오른쪽문)		

탄생의 파사드의 전면 조각상 의미

① 사이프러스 나무와 비둘기

첨탑 가운데에 생명의 나무인 사이프러스를 심었고 그곳에는 성령을 상징하는 비둘기가 날고 있다. 4개의 탑에는 'Sanctus(거룩하시도다) Sanctus Sanctus' 라고 새겨져 있는데, 이 세 단어는 각각 성부와 성자와 성령에게 봉헌하는 뜻이다.

② 성모마리아 대관식

③ 대천사 가브리엘이 성모마리아에게 잉태 사실을 알리는 수태고지

④ 베들레헴의 별(동쪽 문 스테인드글라스 창 사이의 상단)

⑤ 천사들의 합창

⑥ 예수 탄생(아기상들은 죽은 아기를 석고로 본떠서 만들었다고 함)

⑦ 동방박사 3명이 아기 예수께 황금과 유황과 몰약을 드리며 경배하는 모습

⑧ 목자들이 아기 예수께 경배하는 모습

⑨ 마리아와 요셉의 결혼

⑩ 요셉과 어린아이 시절 예수

⑪ 이집트로 피신하는 성가족의 모습

⑫ 헤롯왕의 명령으로 3세 미만 아이들을 살해

⑬ 아기 예수 탄생

⑭ 예수가 제사장들과 토론하는 모습

⑮ 마리아와 엘리사벳

⑯ 요셉과 마리아, 젊은 시절의 목수 예수

수난의 파사드(Passion facade)

수난의 파사드(예수 삶의 전개 과정)

예수님의 '최후의 만찬'으로부터 십자가의 죽음을 거쳐 하늘나라로 승천하기까지의 이야기가 표현되어 있다. '수난'이라는 주제는 가우디가 정했지만 그는 그 세부적인 내용은 완성하지 못한 채 세상을 떠났다.

① 최후의 만찬

　유월절 전날 예수는 제자들에게 그의 죽음이 가까워졌음을 알고 포도주와 빵으로서 그를 기억하는 그리스도의 성찬식을 갖는다.

② 가롯 유다의 입맞춤

　30냥에 예수를 판 후 로마 병사들이 "그럼 누가 예수인지 우리가 어떻게 아냐"고 했을 때, 유다는 "내가 입맞춤하는 자가 예수입니다"라고 알려준 후 최후의 만찬 장소에 가서 예수에게 입맞춤하여 예수가 체포된다.

③ 예수를 부인하는 베드로

　예수는 심문당하고, 베드로는 두려움이 앞서 예수를 모른다고 부인한다.

④ 빌라도의 재판

　로마 행정관인 빌라도에게 끌려온 예수는 가시관을 쓰고 밧줄로 손을 묶여 자주색 옷을 입고 갈대 왕홀(군주의 손에 쥐는 장식이 화려한 상징적인 지휘봉)을 든 채로 심판을 받게 된다.

⑤ 손을 씻고 있는 빌라도

⑥ 채찍질 당하는 예수

⑦ 쓰러진 예수와 십자가를 대신 짊어진 시몬

　예수는 골고다 언덕까지 십자가를 지고 가게 되는데 예수가 넘어지자 로마 병사들은 옆에 있던 시몬에게 강제로 예수의 십자가를 대신 지게 한다.

⑧ 십자가를 메고 가는 예수와 베로니카

　베로니카가 자신의 수건으로 예수님의 얼굴을 닦아 주었는데 이후 수건에 예수님의 얼굴이 그대로 나타나게 되었다.

⑨ 십자가에 못 박히신 예수

　십자가에 못 박히신 예수와 그를 바라보는 성모 마리아, 막달라 마리아, 사도요한이 있다.

⑩ 롱기누스 창

　예수가 죽었는지 확인하기 위해 그의 옆구리에 창을 찌른 로마 병사인 롱기누스이다.

⑪ 예수의 옷을 두고 주사위 놀이를 하는 로마 병사들

　그 당시 풍습은 사형수의 옷을 나누어 가지는 것이었다.

⑫ 예수를 십자가에서 내림

　요셉과 니고데모가 예수의 시신을 수습하고 있다. 뒤쪽의 여인은 성모 마리아다.

사그라다 파밀리아 성당(성가족 성당) 내부

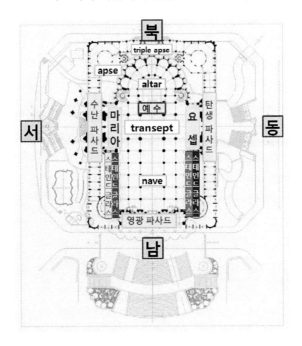

고딕 양식에 뿌리를 둔 서양 성당건축은 Nave와 Transept가 서로 십자로 교차하고 그 교차점에 돔이 위치하는 것이 일반적이다. 십자가 머리 부분으로 반원형의 Apse라는 구조를 두어 제단을 위치시키고 제단 뒤에는 약간의 공간이 있어 돌아갈 수 있게 해 두는 것이 기본구조이다. 사그라다 파밀리아의 평면도를 보면 이 구조에 정말 충실하다. 동서로 난 출입구(탄생의 파사드, 수난의 파사드)를 두고 남쪽에 정문이 있고, 북쪽으로 반원형의 Apse가 위치하는 구조로서 십자가 모양으로 되어 있다. Nave와 Transept 교차점에 돔이 있고 Apse에 제단이 있다. 남쪽은 영광의 파사드이며 정문이고, 북쪽에는 반원형의 제단이 있다.

부록 2 알함브라 나자리스 궁전 해설

나자리스 궁전은 왕의 집무실이자 생활 공간이었다. 14세기 중후반 유수프 1세와 무하마드 5세 부자 시대에 건설했으며, 이후 수차례 증개축을 반복해 완공된 복합형 궁전이다.

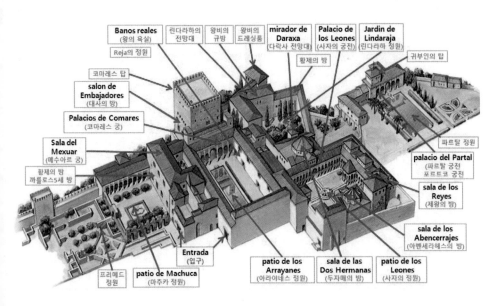

나자리스 궁전(Palacios Nazaries) 상세 안내도

메수아르 궁

메수아르 궁은 코란의 경전을 암송하거나 각료회의를 열던 장소이다. 때때로 술탄의 강연을 듣기 위해서 대기하기도 하고, 술탄이 집무를 보기도 했던 다목적 공간이었다고 한다. 또한 이곳은 '재판의 방'이라 불리기도 하는데 재판은 4개 기둥 안에서 이루어졌다고 한다. 문 위에 '들어와 요청하라. 너희가 여기서 정의를 알 것이다'라고 새겨져 있다. 넓은 방이 섬세한 세공으로 화려하게 장식되어 있는데, 이슬람교는 사람이나 동물 같은 우상숭배를 금지했기 때문에 이렇게 아라베스크 문양을 새겼다고 한다. '아라베스크'란 '식물의 모양이나 이슬람 언어로만 장식한 것을 이르는 말로 아라비아 문자의 끝부분을 잎 모양으로 도안한 것을 일컫는다.

66 | 재판의 방(메수아르궁) 67 | 재판의 방(정의의 방)의 카를로스 5세 문장 68 | 꼬마레스 궁으로 들어가는 파사드(입구) 69 | 화려하게 금박을 입힌 황금의 방 천장 70 | 황금의 방(Cuarto dorado) 71 | 아라야네스 정원과 꼬마레스 궁

카를로스 5세 문장의 헤라클레스 기둥

헤라클레스 기둥에 묶인 리본에는 'PLVS VLTRE'라는 문구가 적혀 있다. 이를 영어로 표기하면 'PLUS ULTRA'로 '보다 더 멀리 나가라'는 뜻을 지녔는데 훗날 달러($) 모양의 기원이 되었다고 한다.

황금의 안뜰

메수아르 궁과 꼬마레스 궁 사이에 있는 넓은 안뜰인데, 술탄이 백성들에게 강연을 하는 곳이었다. 이곳에도 분수가 있다.

황금의 방(Cuarto dorado)

나무로 된 천장에 금빛으로 장식한 아라베스크 문양이 마치 금빛 나뭇잎 같다고 하여 붙여진 이름이다.

아라야네스 정원(Patio de los Arrayanes)

메수아르를 거쳐 꼬마레스 궁전 안으로 들어서면 아라야네스 정원을 가장 먼저 만나게 된다. 알함브라 궁전의 대표적인 장소로 소개되고 있고, 남북 35m, 동서 7m의 커다란 직사각형 연못이 있으며, 양옆으로 아라야네스(천국의 꽃, 도금양)가 심어져 있어 이런 이름이 붙여졌다. 후에 인도의 타지마할도 이 정원의 영향을 받아 지어졌다고 한다.

꼬마레스 궁(Palacio de Comares)

꼬마레스 궁은 아라야네스 정원을 둘러싸고 있다. 연못을 사이에 두고 양쪽으로 나뉘어 있는데 양쪽에는 전랑(복도)이 있다.

꼬마레스 탑과 대사의 방(Salon de Embajadores)

메수아르에서 아라야네스 정원을 통하면 왕의 집무실인 꼬마레스 궁이 나오는데, 이곳이 바로 '대사의 방'이다. 그라나다 왕국을 방문한 외국의 대사가 왕을 알현하는 장소였다고 하는데, 이슬람 건축의 정수를 보여준다. 이슬람교에서 말하는 우주의 일곱 하늘을 재현해 놓아 더할 나위 없이 화려하고 섬세한 공간이다. 말굽 모양의 아치 문양, 연속적인 반원 무늬, 글자 하나하나가 예술적으로 새겨진 코란은 아랍 장인들의 뛰어난 손재주를 그대로 보여주고 있다. 특히 왕은 자연광이 강렬하게 비치는 창가를 등지고 앉아 대사가 왕의 얼굴

72 | 꼬마레스 탑 73 | 대사의 방 천정 74 | 정교한 아라베스크 문양(아라베스크(arabesque). 아라비아풍이라는 뜻으로서 이슬람교 사원의 벽면장식이나 공예품의 장식에서 볼 수 있는 아라비아 무니, 문자, 식물, 기하학적 모티프(Motif)가 어울러서 교차된 곡선 가운데 융합되어가는 아름다운 무늬다.) 75 | 대사의 방. 알함브라 궁전에서 가장 중요한 곳은 코마레스 탑에 있는 대사의 방과 두 자매의 방, 사자의 궁 분수대, 그리고 파르탈 궁전이다. 알함브라 궁전에서 가장 높은 건물인 꼬마레스 탑은 안뜰 연못에 비친 모습과 탑 자체도 아름답지만 안쪽에 있는 대사의 방이 가장 아름답다. 76 | 사장의 궁정 77 | 종려나무를 상징하는 124개의 대리석 기둥 78 | 모카라베스의 방 입구.

을 제대로 볼 수 없도록 연출했다. 이는 빛을 이용해 대사를 압박하고 무언중에 그라나다의 건재함을 나타낸 것이다.

사자의 궁전(Palacio de los Leones)

그라나다의 나자리스 왕조의 제6대 왕인 무하마드 5세는 내분으로 그라나다에서 도망 나와 세비야의 왕에게 의탁한다. 3년 후에 카스티야 왕 페드로 1세의 도움을 받아 다시 왕좌를 되찾는데, 그때 돌아온 무하마드 5세가 지은 궁이 바로 '사자의 궁'이다. 알함브라 궁에서 시기적으로 가장 늦게 만들어졌고 무하마드 5세 궁전이라고도 부른다.

사자의 궁전, 사자의 정원이라는 이름이 지어진 것은 정원 가운데 12마리의 사자가 받치고 있는 원형 분수인 '사자의 분수'가 있기 때문이다. 12마리 사자상은 궁전이 완공되었을 때 유대인 12부족 대표가 선물한 것으로 이슬람 문화는 우상숭배를 금하고 있어 동물을 형상화한 어느 것도 건축물에 설치할 수 없었으나, 이곳은 왕(술탄)과 후궁들만 거처했던 곳이기에 가능했다고 한다.

하렘

아랍 왕들은 여러 명의 부인을 두었는데 왕비를 비롯한 왕의 여인들이 사는 곳을 하렘이라고 한다. 하렘은 보통 왕의 어머니가 책임자였다. 하렘이 일반 궁궐이나 궁전과 다른 점이 있다면 왕을 제외한 그 어떤 남자도 출입할 수 없었다는 점이다.

알함브라 궁전의 추억

사자의 분수는 프란시스코 타레가(Francisco Tárrega)의 기타곡 '알함브라 궁전의 추억'으로 더 유명해진 분수다. 궁전이 제법 알려졌을 때, 작곡자 타레가는 제자이며 애인인 콘차 부인과 이곳을 방문했다. 알바이신 언덕이 붉게 물들던 저녁에 그는 콘차 부인에게 사랑을 고백했다. 하지만 그녀는 그의 사랑을 받아들이지 않았고, 이날 밤 타레가는 슬픔에 젖어 달빛 속에서 콘차에게 보내는 연가를 작곡했다. 그 노래가 오늘날 기타곡으로 유명한 '알함브라 궁전의 추억'이다.

모카라베스의 방(Sala de los Mocarabes)

모카라베스의 방 이름은 원래 시공되었던 모카라베스 장식 천장에서 유래하였는데 지금은 이름과 다르게 르네상스 양식의 지붕이다. 그 이유는 1590년 근처 화약창고의 폭발로 무너진 것을 17세기에 르네상스식 천정으로 복원했기 때문이다.

아벤세라헤스의 방(Sala de los Abencerrajes)

아벤세라헤스의 방의 특징은 가운데 12각형 분수가 있고 천장에는 모서리가 뾰족한 팔각형의 별이 있다. 이들 모서리 벽에는 작은 채광창이 두 개씩 모두 16개가 있어 빛이 안으로 은은하게 들어온다. 또한 천장에는 5,000개 정도의 벌집 모양이 붙어 있어 무척 화려하다.

이 아름다운 방과 12각 분수에는 슬픈 전설이 전해져 내려오고 있다. 첫 번째 전설은 이런 것이다. 아벤세라헤스 가문의 왕비 아익사 라오라의 아들인 왕자 보아브딜과, 헤네테스 가문의 후궁인 이사벨 데

솔리스의 아들은 암투를 벌였다. 그러나 왕의 총애가 후궁에 기울자 보아브딜이 아벤세라헤스 가문의 젊은이들과 모반을 꾀하게 된다. 왕은 이 사실을 알고 연회를 빙자하여 아벤세라헤스 젊은이들을 궁전으로 부른 뒤 모두 죽여 버렸고 보아브딜은 꼬마레스 탑에 가두었다. 왕비의 기지로 보아브딜은 꼬마레스 탑에서 탈출하여 마침내 아버지인 왕을 축출하는 데 성공하여 끝내 왕이 되었다. 하지만 왕권을 강화하기 위해 정적들을 모두 제거하다 보니 그에게는 제대로 된 신하가 없게 됐고 이후로 점점 쇠퇴의 길을 걷는다. 결국은 스페인의 이사벨 여왕에게 항복하고 이베리아 반도에서 쫓겨났다.

또 다른 전설은 이렇다. 당시 왕과 세력을 견줄 만한 큰 세력이었던 아벤세라헤스 가문의 한 명인 왕실 근위대 장교가 왕의 후궁과 헤네랄리페 별궁 술탄의 정원에서 사랑에 빠졌고 이를 알게 된 왕은 이 가문을 멸족시키기로 마음을 먹는다. 그러기 위해 연회를 가장하여 가문의 기사(36명)들을 이 방으로 불러들여 몰살시켰다. 이후 아벤세라헤스 가문은 멸족을 당하게 되어 나자리스 궁 입구인 메디나 지구에 폐허가 된 가문의 궁터만 남게 되었다. 12각형의 받침을 가진 분수가 있는 이 방에서 피를 흘리자 수로를 타고 사자의 궁전까지 흘러들었고 사자의 입에서 붉은 핏물이 흘러나왔다.

제왕들의 방(Sala de los Reyes)

작은 벽감들을 중첩해서 만드는 이 양식을 무카르나스 양식이라고 하는데 벌집 모양의 종유석이 가득 달린 듯 보인다. 높은 천장에서 아름답게 늘어진 종유석 같은 장식들이 무척 아름답고 신비롭다. 이

아벤세라헤스 방의 12각 분수

섬세한 조각으로 꾸며진 아벤세라헤스의 방 천장

천장 장식

몇 개로 이어져 나누어진 제왕들의 방

알코브의 천정에 그려진 10명의 왕

방은 본래 연회실로 사용되었던 방으로 기독교가 지배하기 시작한 이후에는 예배실로 사용되기도 했다.

왕들의 방이란 이름은 중앙 알코브의 천정에 그려진 10명의 왕 그림 때문에 붙여졌다는데, 그림에 있는 이들은 나스르 왕조의 술탄들이거나 최고법원의 판사들이었다고 한다.

두 자매의 방(Sala de los dos Hermanas)

이곳은 왕의 선택을 받은 후궁들의 처소였다. 여기서 말하는 '두 자매'는 사람이 아니다. 방 안에 있는 분수대의 물골을 경계로 방에 깔려 있는 두 개의 커다란 대리석 판석을 보고 두 자매라고 불렀다고 하기도 하고, 각각의 벽면에 난 원래 쌍둥이 창의 이름 아히메세스(Hermanas, 두 자매)로부터 유래한 이름이라고 하기도 한다.

린다라하의 중정(Patio de Lindaraja)

싸이프러스 나무와 꽃, 시원한 분수가 있는 린다하라 중정은 원래 1526년 찰스 1세의 그라나다 방문을 기념하기 위하여 만든 야외 정

두 자매의 방 천장

나빅자 전망대(린다라하 전망대)

린다라하와 정원(Patio de Linda

황제의 방

『알함브라 이야기』를 썼다는 것을 기념하는 안내판과 워싱턴 어빙

파르탈 정원

파르탈 정원에서 본 산타 마리아 성당

수로의 작은

원이었는데 카를로스 5세 궁전을 증축하는 과정에서 3면이 막히면서
안뜰이 되었다. 린다라하 정원 중앙의 설화석고 수반(분수)은 복사본
이며, 진품은 알함브라 박물관에 전시되어 있다.

황제의 방

카를로스 5세가 세비야 왕궁에서 결혼식을 올리고 그라나다로 신
혼여행을 왔는데, 스페인 국왕이면서 신성로마제국의 황제 신분으로
이슬람 궁전에 잘 수 없어 급하게 지은 건물이 이곳 황제의 방이라고
한다.

워싱턴 어빙 이야기

워싱턴 어빙은 1831년에 태수의 허락을 받아 알함브라 궁에서 지냈다. 워싱턴 어빙의 『알함브라 이야기』에 따르면 워싱턴 어빙이 갔을 때는 귀신과 유령이 나온다고 아무도 가지 않는 곳이었다고 한다. 워싱턴 어빙은 끝없는 상상력과 높은 미적 안목으로 아름다운 중정이 내려다보이는 왕비의 규방에서 알함브라 이야기를 집필한 것이다. 스페인 전역에서 아랍의 유적들이 조용히 파괴되고 있던 중에 쓰인 이 책은 영어권 사람들에게 알함브라 궁전에 대한 환상을 심어주었다. 그 후 알함브라에는 수많은 관광객들이 몰려들었다. 그 덕분에 알함브라는 더 이상 파괴되지 않고 보존될 수 있었다.

파르탈 정원(Jardines del Partal)과 파르탈 궁전(Palacio del Partal)

알함브라 궁전을 구성하는 모든 건물 중 현존하는 가장 오래된 궁전으로 포르티코 궁전(El Palacio del Portico)이라고도 하는데, 궁전 앞 정원 연못의 수면에 비친 경치가 일품이다. 파르탈(Partal)은 이슬람 시대에 귀족들의 궁전과 저택, 이슬람 사원들이 있던 곳으로 귀부인의 탑이 있는 파르탈 궁과 이슬람 사원, 유수프 3세 궁전의 유적지가 있다.

부록 3 프라도 미술관 주요 작품 해설

1) 벨라스케스의 '시녀들(Las Menians Diego Velazquez)'

시녀들

17세기 중반 스페인의 황금시대 최고의 궁정화가인 벨라스케스의 대표작이다. '예술의 철학' 회화로서 무엇을 나타낼 수 있는지 작가의 자신감과 치밀함을 표현한 걸작이다. 회화 방식이 가진 가능성을 가장 완벽하게 보여주는 작품이라는 평을 받고 있다.

① 작품을 바라보는 시선은 바로 뒤쪽 거울에 비치고 있는 펠리페 4세 왕과 왕비이다. 엄격한 규율이 있던 당시를 생각하면 그야말로 파격 그 자체이며, 왕과 왕비를 이렇게 표현할 수 있었던 것을 통해 벨라스케스가 왕에게 엄청난 신뢰를 받고 있었다는 것을 알 수 있다.

② 르네상스 시대 이전에도 작가들이 작품 속에 자신을 표현한 경우가 있었지만 이렇게 전면에 드러나는 경우는 많지 않았다. 벨라스케스가 향하는 곳은 작품의 외부, 펠리페 4세 왕과 왕비가 있는 곳으로 추측되며, 그가 그리는 작품도 왕과 왕비의 초상화로 여겨진다.

③ 작품의 중심에 서 있는 어린아이는 펠리페 4세와 그의 두 번째 왕비 마리아나 사이에서 태어난 5살 딸인 마르가리타 공주이다.

④ 공주 양 옆에 시녀들이 있다. 궁전에서 관리될 때의 작품명은 가족을 뜻하는 '라 파밀리아(La Familia)'였는데, 1843년 프라도 미술관으로 이전되면서 '시녀들'이라는 이름을 갖게 되었다.

⑤ 공주와 시녀들 뒤로는 시녀장과 호위병이 서 있다.

⑥ 왕실의 초상화에는 난쟁이가 자주 등장한다. 난쟁이의 볼품없는 외모는 왕족의 품위 있는 외모와 대조되어 주인공을 돋보이게 하는 역할을 했다.

⑦ 왕비의 시종이 열린 문의 계단을 올라가고 있다.

2) 고야의 '옷을 벗은 마하와
옷을 입은 마하(La Maja Desnuda&La Maja Vestida)'

18세기 중반 활동한 스페인의 대표적인 낭만주의 화가인 고야의 대표작 중 하나이다. 이전까지만 해도 신화 속의 주인공을 제외한 일반인의 누드화를 그린다는 것은 금기시되어 있었는데, 종교 재판에 불려가는 위험을 감수한 서양 최초의 등신대 누드 작품이다. 스페인어로 매력적인 여자를 의미하는 '마하(Maja)'의 모델이 누구인지에 대한 궁금증 때문에 관심을 끌기도 하는 작품이다. 당시 큰 권력을 갖고 있던 알바 공작의 부인이 모델이라는 설이 가장 유력하다.

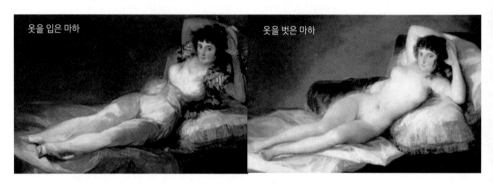

옷을 입은 마하

옷을 벗은 마하

3) 고야의 '마드리드, 1808년 5월 3일'

마드리드, 1808년 5월 3일

한국에서의 학살(1951)

1804년 나폴레옹이 그의 형 조제프 보나파르트를 스페인 왕위로 즉위시키면서 발생한 스페인 독립전쟁(반도전쟁) 동안 고야는 많은 기록화를 남겼고, 그중 가장 유명한 작품이다. 학살당하는 스페인 시민들은 절망과 두려움에 빠져있지만, 프랑스 군인은 뒷모습만 보이는 데서 전쟁의 감정 없는 살인, 인간에 대한 인간의 폭력을 고발하고 있다. 훗날 한국전쟁에서 벌어진 학살을 접한 파블로 피카소가 그린 한국에서의 학살(1951)은 고야의 그림에서 영향을 받은 것이다.

파리의 심판

4) 루벤스의 '파리스의 심판'

17세기 바로크 시대를 대표하는 벨기에의 화가 루벤스의 작품이다. 목동이었던 파리스가 헤라(제우스의 아내), 아프로디테(미의 여신), 아테나(지혜, 전쟁의 여신) 중 가장 아름다운 여신에게 황금사과를 주는 장면이다.

비너스와 아도니스(Venus and Adonis)

5) 티치아노의 '비너스와 아도니스'

이 그림은 아름답고 젊은 사냥꾼 아도니스를 향한 비너스의 사랑을 표현하고 있다. 아도니스는 초조해하는 개들에게 이끌려 단호하게 앞으로 나아가고 여신은 곧 죽게 될 자신의 운명도 모른 채 사냥을 떠나려 하는 아도니스를 붙잡고 있다. 이런 아도니스의 움직임은 비너스의 균형을 잃게 만든

아들을 삼키는 사투르누스

다. 그가 잠시 주저하는 동안 모든 동작은 서로의 시선에 집중되어 있다. 그림 왼쪽에는 큐피드가 잠들어 있는데, 이는 곧 사랑이 깨질 것을 암시한다.

6) 고야의 '아들을 삼키는 사투르누스'

사투르누스도 그리스 신화에 나오는 인물인데, 대지의 여신 가이아와 하늘의 신 우라노스의 아들이다. 그런데 가이아가 아들 사투르누스를 사주하여 사투르누스는 아버지 우라노스를 죽이고 생식기를 잘라 바다에 버린다. 우라노스는 죽기 전에 사투르누스에게 '너도 네 자식의 손에 죽을 것'이라고 예언한다. 사투르누스는 이 예언을 피하기 위하여 자기 아내 레아가 아이를 낳을 때마다 잡아먹었다. 그러나 결국 사투르누스는 여섯 번째 아이인 제우스에게 살해당한다.

부록4 한눈에 보는 여행 경비 지출 내역

4인 가족 여행 경비는 계획 당시 총예산이 800~1,000만 원 정도가 필요할 것으로 예상하였고, 숙소나 항공권, 렌터카를 조기에 예약함으로써 경비를 상당히 줄일 수 있었다.

총 여행 경비: 약 9,449,497원

항공권 에어로플로트	숙박	렌터카	부대비용	쇼핑	입장료	총합계
3,670,800원	1,023,579원	540,870원	2,452,248원	1,500,000원	262,000원	9,449,497원

부대비용 상세내역(단위: 유로)					
일자	도시	사용처	금액	개수or명	합계
01월 18일	바르셀로나	공항버스	5.9	4	23.6
01월 19일	바르셀로나	T-10	9.95		9.95
		몬세라트 기차	38.6		38.6
		몬테사트 레스토랑	30.4		30.4
		추로스	11.8		11.8
		사그라다 파밀리아 오디오 가이드	7	2	14
		tasca l vins 점심	27.35		27.35
		바르셀로나 성당	5	2	10
		몬주익 버스	2.15	4	8.6
01월 20일	세비야	공항 택시	32.55		32.55
		세비야 주차	19		19
		성당	9	2	18
		저녁	51.05		51.05
		마차	50		50
		이탈리카	1.5	2	3
01월 21일	미하스	타파스	20		20
		주유소	26		26
01월 22일	네르하	피자 점심	14		14
		기념품	15		15
		젤라토	5		5
01월 23일	그라나다	슈퍼	10		10
		플라멩코	60		60
		플라멩코 음료	10.5		10.5
		점심	43		43
		버스	1.2	4	4.8
		오디오가이드	6	2	12
01월 24일	코르도바	메키스타	5	2	10
		까르푸	3.5		3.5
			7.5		7.5
			30.8		30.8
			1.97		1.97
		주유소	35.5		35.5

01월 25일	에보라	슈퍼	13.5		13.5
	포르투갈	무어성	57.97		57.97
		주유소	40		40
		에그타르트	10.5		10.5
			5.1		5.1
		카스카이스 점심	18.95		18.95
		주차	1.3		1.3
			1.35		1.35
01월 26일	메리다	입장료	12	2	24
		주유소	46.2		46.2
	톨레도	젤라토	2.5	2	5
01월 27일	세고비아	쇼핑	182.5		182.5
		점심	53.47		53.47
		알카사르	2.5	3	7.5
		주유소	45		45
	마드리드	과자	11.1		11.1
		타파스	14.9		14.9
01월 28일	마드리드	엘코르테	105.23		105.23
		프라도 미술관	15	2	30
		오징어햄버거	2.5	3	7.5
기타 지출(추정)		엘코르테	100		100
		아울렛	300		300
		모스크바	200		200
		통행료	20		20
		렌트 보험료 추가	10		10
		여행자 보험	20		20
		시계약	5		5
		기념품	50		50

부록 5 내비게이션 즐겨찾기 목록(좌표)

※ 정확한 목적지를 찾기 위해서는 목적지(상호) 검색보다 좌표 검색을 추천합니다 (★매우 중요).

	목적지	지명 또는 상호	좌표	비고
4일차	이탈리카	Italica	37.444134, -6.044375	무료
	세비야 스페인 광장	Plaza de España	37.377519, -5.984577	?
	세비야 숙소	Hotel Cervantes	37.395333, -5.993500	유료
5일차	왕의 오솔길	Parking Acceso NORTE (Caminito del Rey)	36.928803, -4.801525	유료
	세테닐	세테닐 주차장	36.861715, -5.178565	무료
	세테닐 전망대	Setenil Mirador	36.862219, -5.181970	무료
	론다 누에보 다리	감상 포인트	36.738918, -5.170284	무료
	론다 소코로 지하 주차장	Parking Plaza Del Socorro	36.743299, -5.165948	유료
	미하스 숙소	La Posada de Mijas	36.594503, -4.640869	
	미하스 주차장	관광 안내소 주변(1유료)	36.595409, -4.637078	유료
6일차	네르하 (유럽의 발코니)	네르하 주차장	36.747571, -3.874187	유료
	집시 동굴 박물관 (사크라몬테 주차장)	Sacromonte Caves Museum	37.181378, -3.583003	?
	산 크리스토발 전망대	Mirador de San Cristobal	37.183162, -3.596100	무료
	그라나다 숙소	AMC Granada	37.176639, -3.595766	유료

7일차	코르도바	칼라하라 탑 주변 노상 주차장	37.876306, -4.776028	무료
		코르도바 까르푸	37.895511, -4.790680	무료
	메디나 알사하라	Madinat al-Zahra(방문취소)	37.887423, -4.869257	
	에보라(숙소)	Hotel Vila GaléÉvora	38.567217, -7.915497	무료
8일차	페냐성 무어성	무어성 주차장	38.789302, -9.392502	무료
	호가곶	호가곶 주차장	38.780598, -9.497775	무료
	카스카이스	식당가(레스토랑)	38.697983, -9.419975	유료
	지옥의 입	지옥의 입(Boca do Inferno) 주차장	38.691426, -9.429976	무료
	제로니무스 수도원 앞 광장	발견기념비, 제로니무스 수도원	38.695150, -9.206266	무료
	대형 마트	Pingo Doce	38.566349, -7.942300	무료
9일차	메리다 로마교	로마교 인근 갓길 주차장	38.915733, -6.348501	유료 무료
	메리다 로마극장	메리다 관광 안내소	38.916747, -6.339480	주차 불가
		인근 주차장	38.918124, -6.336042	무료
	톨레도	알칸타라 근교 주차장	39.862276, -4.015414	무료
	톨레도 미라도르	미라도르 갓길 주차장	39.850271, -4.022620	무료
	톨레도 파라도르	파라도르 숙소	39.848894, -4.023025	무료
10일차	콘수에그라	콘수에그라성과 풍차들 (방문 취소)	39.449000, -3.606952	무료
	라스 로자스 빌리지	라스 로자스 빌리지 아웃렛	40.517030, -3.901560	무료
	세고비아	수도교 앞 주차장	40.948100, -4.116578	유료
		알카사르 정문(갓길 주차장)	40.952418, -4.130100	?
	마드리드	마드리드 숙소 (프라자 드 에스파냐)	40.422521, -3.712228	
		식스트(Sixt) 렌터카 지하주차장	40.425286, -3.712654	

자동차로 떠나는 스페인 가족여행

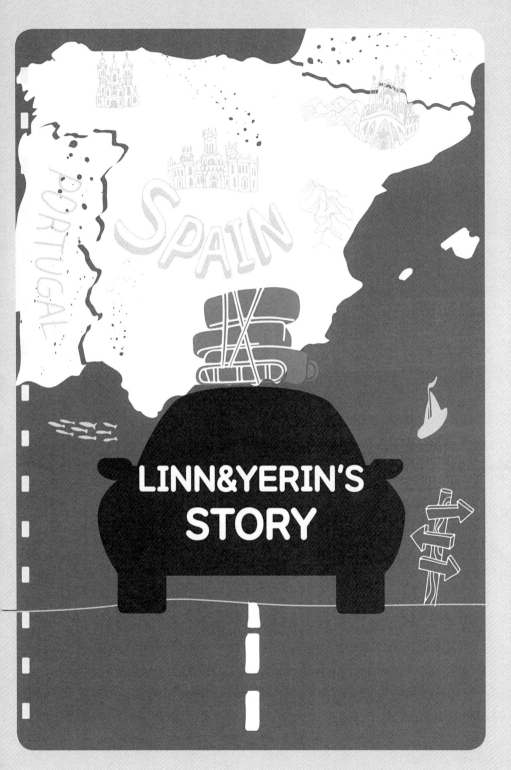

LINN&YERIN'S
STORY

LYNN&YERIN'S STORY

1월 18일 비행(인천 → 모스크바 → 바르셀로나)

오늘은 스페인에 가는 날이어서 아침 일찍 일어나 인천공항으로 갔다.

인천공항에서 엄마, 아빠는 쇼핑을 하고 나랑 김예린은 그걸 기다렸다. 쇼핑을 다 하고 비행기를 탈 시간이 되어서 비행기를 타러 갔다. 비행기에서 9시간을 있어야 했다. 그래서 기다리긴 했지만 대한항공이라 그렇게 지루하진 않다(대한항공 기내에는 오락거리가 많다). 게임도 하고 영화도 보고 예능 프로그램도 보다 보니 9시간이 갔다.

모스크바에 도착해서 비행기를 갈아타려고 일단 입국 심사를 받고 짐 검사도 하는데 아빠 배낭이 사라졌다. 도둑맞은 것 같았다. 그래서 경찰도 오고 난리가 났다. 이런 경우는 처음이었다. 그래서 2시간 동안 돌아다니며 찾다가 한 번 짐 검사하기 전 장소로 허락을 맡고 갔는데 아빠가 깜박한 것이었다. 아빠가 너무 자신 있게 자기는 잘 챙겼는데 도둑 맞은 거라고 했는데 사실은 그런 것이었다. 그렇게 러시아에서 망신을 당하고 환승을 해서 바르셀로나로 갔다. 4시간 30분 동안 갔는데 그동안 자다가 딱 내려갈 때 깼다. 귀가 아팠기 때문이다.

김예린이 특히 가장 고통스러워 했다. 김예린 빼고는 다 견딜 만해서 그냥 아무렇지도 않게 있었다. 그렇게 비행기에서 내리고 짐도 찾아서 버스를 타고 숙소로 갔다. 고급스러운 숙소 내부에 비해 3박에 20만 원으로 가격이 착했다. 게다가 물도 따뜻해 샤워도 편하게 했다.

무엇보다 스페인 사람들은 굉장히 친절했다. 와이파이도 빵빵했지만 이제 핸드폰을 사용하지 말라고 해서(엄마, 아빠 빼고) 상관은 없었다. 그래서 샤워를 하고 잤다.

1월 19일 바르셀로나 → 몬세라토 → 바르셀로나

오늘은 사실상 스페인 여행 첫 번째 날이다 스페인에서 우리가 첫 번째 로 간 곳은 몬세라트였다. 높이 있어 산악 열차를 타고 올라가야 하는 성당 주변은 돌산으로 둘러싸여 있었다.

일단 성당 내부부터 구경을 했다. 가장 유명한 것은 검은 마리아 상이었다. 검은 마리아 상은 아기예수를 안고 있었다. 그리고 얼굴이 검었다. 그래서 검은 마리아 상인 것 같다.

검은 마리아 상을 보고 나서 우리는 바로 등산을 하러 갔다. 등산을 할 때 옆이 낭떠러지였다고 보면 된다. 나를 제외하고는 모두 무서워했다. 옛날까지만 해도 내가 제일 무서워했는데 이제 내가 제일 안 무서워했다. 모두들 우리 왕의 오솔길에 어떻게 가냐고 했다. 그런데 등산을 하다 보니 앞은 막혀있고 주변 경치는 매우 좋았다. 원숭이, 코끼리, 스핑크스 모양 바위도 나란히 서 있었다(나중에 따로 있는 사자바위도 발견했다). 한국 산에서도 아빠는 이런 자연이 전부인 길을 좋아했다. 그런데 스페인 산에도 그런 곳이 있으니 한국 산하고 별 다를 건 없다고 느꼈다. 게다가 한국인이 대부분이어서 별로 유럽에 온 느낌도 안 들었다.

그렇게 그 경치 좋은 곳에서 사진을 마음껏 찍고 나서 내려갔더니 우리가 간 길로 가는 사람들은 거의 없었다. 하지만 남들이 걷지 못한 길을 걸은 것으로 만족하며 긍정적으로 받아들이고 제대로 된 산책로로 갔다. 걸어가는 데 1시간은 걸릴 것 같아서 주변 한국인들한테 물어봤더니 모두 멀다고 생각했는데 10분 만에 도착해 놀랐다고 한다.

진짜로 10분 만에 도착해 십자가가 있는 곳에서 마음껏 사진을 찍었다. 스케줄이 빡빡해 급히 뛰어 내려가야 했다. 그런데 내려가다 보니 완전히 새하얀 비둘기를 보았다. 역시 사람과 비교적 친한 새인지라 사진을 마구 찍어도 안 도망가서 찍기가 매우 쉬웠다.

그렇게 비둘기 사진도 마음껏 찍고 내려가 기념품을 구경하고 밥도 먹으니 밖에서 그 비둘기가 얼쩡대고 있었다. 너무 예뻤다. 그래서 또 사진을 찍고 5분 정도 늦게 합창단 구경을 하러 성당으로 들어갔는데 얼마 되지도 않아서 끝났다. 1시간은 할 줄 알았는데 바로 끝나버린 것이다. 가족들 모두 같은 생각이었다. 그렇게 성당 밖으로 나왔더니 기차가 올 시간 3분 전이었다. 그래서 급히 뛰어가는데 아까 그 비둘기가 또 있어서 그 와중에 달리면서 사진을 찍느라 겨우 기차를 탔다.

우리는 숙소에 들렀다가 몬주익 성 안을 구경하려고 했는데 아깝게 문 닫을 시간이 되어 버렸다. 주변은 바다라 바람도 엄청 불었다. 그래서 우린 바다 구경을 하고 버스를 타고 온 거리를 걸어서 돌아갔다. 걸어서 돌아갈 때는 별일을 다 겪었다. 산책로 옆 급경사 잔디밭을 내려가자고 했다 (원래 그곳으로 가면 안 된다. 위험한 데다 원래 다니는 길도 아니다). 그래서 비도 오고 급하니 뭐 그쪽으로 내려갔다. 역시나 김예린이 가장 무서워했다. 하지만 아빠가 김예린을 안고 내려갔다.

엄마랑 나는 매우 버거워 보인다고 생각했다. 하지만 우리 가족 모두 무사히 내려가 지하철을 타고 쇼핑몰에 갔다. 쇼핑몰에 도착하니 김예린이 또 힘들어 했다. 그런데 사실 모두 힘들다.

한국 시각 새벽 3시였기 때문이다. 가장 참을성 없고 어린 김예린이 가자고 해 난 여기까지 왔는데 아무것도 안 사고 바로 간다는 것이 짜증났지만 그냥 돌아갔다. 그리고 추로스를 사서 숙소에 돌아와 초코에 찍어먹었다. 사실상 가장 피곤했던 나는 바로 양치를 하고 잤다.

1월 20일 바르셀로나

오늘은 바르셀로나 2일 차이다. 오늘은 아침 일찍 일어나 바로 구엘 공원으로 산책을 나갔다.

이 공원은 가우디가 구엘의 후원을 받고 만든 공원이라 구엘 공원이다. 설계는 가우디가 하고 돈은 다 구엘이 대주었다고 한다. 이 구엘 공원은 사실 마을을 만들려고 만든 곳인데 사람들이 살러 안 와서 공원이 되어버렸다고 한다. 이 공원에 들어갈 때 보이는 관리사무소는 『헨젤과 그레텔』에 나오는 과자집 같았다. 그래서 관리사무소 앞에서 사진을 찍고 타일 도마뱀을 보았다. 입에서 물이 나오고 있었다. 타일로 만들어져 알록달록한 이 도마뱀과 사진을 찍고 맨 위로 올라가 산책을 하며 구경하고 모두를 둘러보며 산책을 한 후에 사그라다 파밀리아 성당(우리말로 성가족 성당)으로 갔다. 이 성당은 가우디의 최고의 작품이라 한다. 가우디가 이 성당을 지으러 가다가 전차에 치여 죽었다고 한다. 하지만 이 성당을 만드느라 거지꼴이 된 가우디는 아무도 알아보지 못했고 며칠 후 발견되었다고 한다. 사그라다 파밀리아 성당은 날씨가 좋아야 빛이 들어오고 예쁜데 비가 내렸다.

비 때문에 탑에도 못 올라갔다. 너무 슬펐다. 바르셀로나 여행은 그렇게 날씨가 도와주지 않았다.

게다가 매점이 나가는 곳이라 다시 들어가지 못했다. 그래서 아쉬움을 뒤로하고 바닷가로 갔다. 갈매기가 엄청 날아다녔다. 갈매기가 너무 많아 날파리처럼 보일 정도였다. 갈매기들과 사진을 찍고 갈매기 구경을 하는데 자세히 보니 이상하게 오리발의 갈매기였다. 갈매기들은 날아다니다 바다에서 헤엄치기도 했다. 신기했다.

그다음으로 콜럼버스상에서 사진을 찍고 보케리아 시장에 갔다. 신기한 먹을거리가 정말 많았다. 생과일 주스도 있고 하몬도 있고 거대한 젤리 등이 있었다. 하지만 발이 너무 아파서 숙소로 돌아가 잤다.

1월 21일 바르셀로나 → 세비야

오늘은 바르셀로나에서 떠나고 세비야로 가는 날이다. 그래서 아침 일찍 4시에 일어나 준비를 했다. 그리고 캐리어를 끌고 택시를 타고 공항에 갔다. 그리고 비행기를 타고 세비야로 갔다.

비행기에서 2시간 동안 휴대폰을 가지고 놀다가 세비야에 도착해 차를 빌렸다.

BMW 새 차였다. 하지만 그 차로 열심히 달린 결과, 차는 진흙투성이가 되어 이탈리카에 도착했다. 이탈리카는 로마 문명에 영향을 받은 스페인의 기원전 마을이다. 땅을 파다 이상한 것을 발견해 계속 팠더니 유적이 나와 관광지로 쓰는 것이었다. 그곳을 둘러본 후 숙소로 갔다가 히랄다 탑으로 갔다, 발이 아팠다. 이 히랄다 탑은 계단이 아니라 경사로로 되어 있었다. 이유는 옛날 고대에 왕이 말을 타고 오르내리기 위해서라고 한다. 층수는 34층이었다. 올라가는 층마다 층수가 쓰여 있어 좋았다.

올라가서 경치 구경을 하고 내려와 스페인 광장에서 산책하며 사진을 찍다가 발이 너무 아파서 마차를 타고 이곳을 둘러보았다. 그러고 나서 식당에서 저녁을 먹었다. 음식들이 우리 한국인 입맛에 맞는 것 같았다. 짭짤하고 맛있었다. 길거리 공연들을 보다가 숙소로 가서 잤다.

1월 22일 왕의 오솔길 → 세테닐 → 누에바 다리

오늘은 숙소에서 짐을 싸고 2시간 동안 차를 타서 왕의 오솔길에 도착했다. 왕의 오솔길은 세상에서 가장 위험한 길이다. 그런데 여기로 왔다가 죽는 사람들이 대부분이라서 스페인에서 왕의 오솔길에서 관광을 하는 것을 금지했다고 한다. 그럼에도 불구하고 사람들은 계속 이곳을 찾았고 결국 위험한 곳들을 보수공사하면서 관광지로 만들었다. 왕의 오솔길에 처음 들어갔을 때 길이 나무로 되어 있었다. 목각을 띄엄띄엄 연결해서 발이 빠지는 탓에 엄마는 출발하자마자 계속 무서워했다. 그래도 경치가 멋있어서 모두 좋아했다. 그렇게 경치를 구경하며 계속 가다 보니 울타리 하나 없는 완전 산길이 나왔다. 바로 옆이 절벽이었지만 우리 가족은 여행하면서 이런 것을 너무 많이 경험해서 아무렇지도 않게 걸었다. 그러다 보니 또 엄마가 무서워하는 길이 나왔다. 그런데 이번엔 처음보다 더 위험했다. 나무 간격도 더 넓고 내리막도 있었다. 그래서 아빠도 무서워했다. 그런데 유리가 바닥인 포토존이 나왔다. 엄마, 아빠는 거기서 사진을 찍으실 때 무서워하셨다. 계속 걷다 보니 다리가 나왔다. 나는 다리에 먼저 가보았는데 바닥이 하수구 철창 같은 걸로 되어있었다. 게다가 흔들렸다. 그래서 난 다리를 건넜다가 돌아와 김예린과 엄마를 놀리기로 했다. 김예린과 나는 엄마의 앞뒤로 서서 다리를 천천히 걸었다. 엄마는 짜증나 하셨다. 이런 곳에서 장난치는 거 아니라고 했다. 그런데 그곳에 계속 있을 수밖에 없었다. 아빠가 사진을 찍고 계셨기 때문이다. 그래서 엄마는 계속 우리의 장난을 당하실 수밖에 없었다. 왕의 오솔길에 갔다가 세테닐에서 점심을 먹은 후 누에바 다리에 갔다.

누에바 다리 위에서 구경하다 해가 떨어졌을 즈음에 누에바 다리 밑으로 갔다. 바로 옆이 낭떠러지였다. 길은 좁고 경사진 데다가 물기도 있었다. 게다가 손전등을 끄면 아무것도 안 보였고 우리 가족밖에 없어 으스스했다. 그리고 차를 세워놓은 곳에 내려가는데 철컹거리는 소리가 들렸다. 마차소리 같았는데 바로 옆에서 들리는 것 같아 엄마가 김예린한테 겁을 주었다. 김예린은 정말 무서워하며 울려고 했다. 유일하게 오늘 공포스러운 순간이 없었던 나는 그저 재미있게 구경했다. 그리고 숙소에 가서 잤다.

1월 23일 네르하 → 그라나다

오늘은 미하스에서 일어나 아침 일찍 산책을 하고 네르하라는 지중해 바닷가로 갔다. 그곳에서 사진도 찍고 바다도 구경했다. 김예린과 나는 엄마가 말렸지만 바닷가 파도를 피하며 놀았다. 그러다 김예린 신발이 젖었다 (나는 김예린 신발이 젖은 후에 놀러가서 내 신발은 안 젖었다). 그리고 기념품도 사고 점심을 먹으러 피자집에 갔다. 피자가 싸고 맛있었다. 파스타도 맛있었다. 피자 한 판이 겨우 3.5유로였다. 3.5유로면 4,900원이다. 엄청 쌌다. 그리고 젤라또라는 내가 가장 좋아하는 아이스크림을 먹고 차를 타고 그라나다에 갔다. 그라나다에서 숙소에 짐을 내려놓고 플라멩코 예약을 하고 전망대로 올라갔다. 올라가는데 발이 아팠다. 그래서 엄마, 아빠 기다리는 동안 앉아 있다가 출발했다. 전망대에 도착한 후 나는 밀크셰이크를 시키고 김예린은 핫초코를 시켰다. 먹으면서 노을이 지는 걸 구경하고 사진도 찍다가 내려가 플라멩코를 구경했다. 우리는 플라멩코라는 '춤'을 보러 간 거였는데 '춤'은 거의 없고 '노래'만 엄청 불러 지루했다. 그래서 김예린은 자고 엄마, 아빠, 나는 겨우 졸음을 참았다. 그리고 숙소에 가서 잤다.

1월 24일 그라나다 → 코르도바 → 에보라

오늘은 그라나다에서 일찍 일어나 짐을 싸고 코르도바로 갔다. 코르도바에서 가로수의 귤을 따먹었다. 그런데 귤을 아무도 안 따먹는 이유를 알 것 같았다. 정말 맛없었다. 그래서 엄마, 김예린, 나는 고통스러워했다. 그 와

중에 아빠는 다행히 안 먹었다. 그리고 우리는 로마교를 건너 메스키타 성당으로 갔다. 이 성당은 사실 이슬람의 성당이었다고 한다. 이사벨 여왕이 이슬람을 모두 나라에서 추방시키고 이슬람 건물들을 모두 부수는데 이 성당이 너무 멋있어서 자기 종교로 개조를 했다고 한다. 그런데 정말 멋있었다. 그래서 계속 구경을 하다가 유대인 골목도 걸으며 젤라또도 사먹고 차를 타고 에보라 숙소로 갔다. 아빠는 4시간 동안 운전을 하셨다. 가면서 쇼핑도 했다. 아빠는 매우 힘들어 하셨다. 그리고 숙소에 도착해 엄마, 아빠는 술을 먹다가 주무시고 김예린은 그냥 바로 자고 난 게임하다가 잤다.

1월 25일 에보라 → 신트라 → 카보 다 로카 → 지옥의 입 → 발견기념비 → 에보라

오늘은 아침 일찍 일어나 신트라 무어성으로 갔다. 무어성은 돌로 되어 있었다. 그런데 높고 울타리도 안 쳐져 있어서 아빠가 무서워하셨다. 덕분에 나랑 김예린은 재미있었다. 무어성에서 계속 돌아다니며 사진도 찍고 전망도 구경하고 아빠가 무서워하시는 것도 보며 재미있었다.

그렇게 무어성에서 놀다가 페냐성으로 갔다. 페냐성은 그냥 궁전이다. 보기엔 아름답지만 왕자, 공주가 쓰던 물건들 보는 게 대부분이고 경치 구경과 활동할 만한 건 거의 없어 재미가 없었다. 게다가 여기까지 올라오는 것도 무척 힘들었다.

페냐성도 보고 산 밑으로 내려와 차를 타고 카보 다 로카로 갔다. 카보 다 로카에 들러서 사진을 찍고 바다를 구경하다가 다시 차를 타고 도착한 식당에서 점심으로 피자와 스파게티를 먹었다. 무척 맛있었다.

그렇게 점심을 해결하고 우린 지옥의 입으로 갔다. 왜 지옥의 입일까? 아빠와 김예린은 파도가 무척 강해 사람이 들어가면 살 수 없어서라고 한다. 그렇게 지옥의 입에서 사진도 찍고 구경도 하다가 차를 타고 발견기념비로 갔다. 발견기념비는 콜럼버스가 신대륙을 발견하고 그걸 기념하여 세운 기념비이다. 그렇게 발견기념비 앞에서도 사진을 찍고 170년 된 원조 에그타르트 전문점에 갔다. 그곳으로 가며 '걸어서 세계 속으로' 촬영진을 만났다. 에그타르트 전문점을 찾으러 가다가 이미 산 한국인들을 보고 어딘지 물어보고 사진도 찍어달라고 부탁한 후 얘기하다가 '걸어서 세계 속으로' 촬영진인 것을 알았다. 우리 가족은 여행 알아볼 때 '걸어서 세계 속으로'도 보고 왔다. 세상은 참 넓으면서도 좁은 것 같았다. 그래서 반갑다며 인사를 한 후 에그타르트를 10개 샀다. 매우 매우 매우 맛있었다!

학교에서 나오는 것과는 차원이 달랐다. 그렇게 에그타르트를 3개 나누어 먹고 우리는 다시 에보라 숙소로 갔다. 거기서 난 목욕을 하고 나와서 게임을 하고 에그타르트도 먹었다. 엄마, 아빠는 술을 마셨고 김예린은 유튜브를 보았다. 그러다가 우리 가족은 모두 잤다.

1월 29일, 30일 수정궁 → 스페인 공항 → 러시아 공항 → 한국 공항

오늘은 내가 가고 싶어 했던 수정궁을 갔다. 계획에 없어 불안했지만 다행이 사람들이 많았다. 어떤 사람들은 오리에게 먹이를 주고 있었다. 나는 오리들이 계단으로 올라왔으면 좋겠다고 생각했다. 근데 진짜 올라왔다.

그렇게 놀고 6시쯤에 스페인 공항에 도착했다. 다음은 비행기를 4시간 타고 하루 러시아에서 놀았다. 러시아는 너무 추웠지만 눈이 많아 좋고 멋진 건물이 많았다. 그리고 러시아 공항에서 비행기를 탔다. 너무 한국 사람이 많아 여기가 한국비행기인 줄 알았다.

나는 인천공항에 도착했다. 지금은 11시 20분이다. 근데 짐이 너무 안 나와서 시간을 버리고, 술이 싸다고 엄마, 아빠가 많이 사서 돈(관세)을 더 냈다.

인천공항에 도착해 집으로 갔다. 엄마, 아빠는 술을 가족들에게 나눠주었다. 여행이 끝나서 아쉽다.

에필로그
~~~~~

'자동차로 떠나는 유럽가족여행' 이야기를 집필했던 작년이 주마 등처럼 흘렀습니다. 제게 남아 있는 열정은 또다시 스페인 가족여행을 다녀오도록 하였고, 그 이야기를 모아 글로 엮었으며, 이제 출간의 막바지에 이르렀습니다.

일상에서 소소하게 기록한 글을 책으로 낸다는 것은 큰 결심이 있지 않으면 할 수 없는 일이라고 생각합니다. 하물며 13일에 불과한 가족여행을 책으로 펴내는 것이 다른 사람들로 하여금 너무 가볍게 보일 수 있을 것 같다는 걱정이 앞서곤 하였습니다.

애초에 이 글은 책으로 출판하기 위해 쓴 것이 아니었습니다. 아이들에게 여행후기로 추억록을 만들어 주고자 시작한 앨범 만들기가 사진을 정리하고 해설을 달았더니 글의 뼈대가 되었고, 여행 중 겪었던 여러 에피소드를 정리하다 보니 글이 만들어졌습니다. 그리고 출판사에 출판 제안을 하였을 때 많은 고민을 하게 되었습니다. 가족의 사생활이 고스란히 담긴 내용으로 전문작가도 아닌 일반인이 부족한 글 솜씨로 독자들 앞에 서는 것은 창피할 수도 있어 자신이 없었습니다. 그러나 자동차(렌터카)로 떠나는 가족자유여행을 꿈꾸는 이들에게 중요한 간접체험이 될 수 있다는 주변의 권유에 자신감을 갖게 되었습니다. 여행 준비과정부터 겪게 되는 일들을 잘 정리한 점과 아이들에게 짧은 시간에 많은 것들을 보여주는 여행 스케줄이 정말 마음에 든다는 이들이 많았습니다. 그래서 이 책이 렌터카를 이용한 가족여행의 참고서가 되길 바라는 마음으로 출간을 결심하게 되었고, 가족여행을 계획하는 독자들에게 중요한 자료가 되었으면 좋겠습니다.

일반적인 여행서적은 2가지 종류라고 봅니다. 첫 번째는 큰 출판사에서 출간하는 것으로서 도시 또는 국가 중심의 여행정보를 소개하고 교통, 숙박, 맛집, 관광지 등을 총망라해 놓은 책입니다. 두 번째는 개인 혹은 여행 작가들이 여행을 하고서 쓴 여행기입니다. 대부분의 여행 작가들은 홀로 장기간 여행을 떠나서 머물렀던 지역의 문화, 자연, 경험담 등의 정보를 제공해줍니다.

이 책은 두 명의 초등학생을 둔 직장인 부모가 13일 동안 이베리아 반도에서 겪는 가족여행의 일거수일투족을 기록한 기행문 형식이지만 지역의 문화와 느낀 점을 자세하게 옮김으로써 여행 방법론이 될 수 있는 내용들을 실었습니다. 필요하다면 제가 했던 여행 일정을 유사하게 또는 똑같이 답습해도 좋을 것이라고 생각합니다. 그렇게 한다면 일정을 세우고 자료를 조사하기 위해 소비하는 시간적 기회비용을 크게 아낄 수 있을 것입니다.

성장하는 자녀를 둔 부모님들께 말씀드리고 싶습니다.

저는 여행에 관한 이야기보다 사람에 대한 가치를 말하고 싶습니다.

사람들은 저마다 자신의 가치를 만들어야 한다고 생각합니다. 누군가가 저에게 삶의 가치를 묻는다면 '하고 싶은 것을 모두 해 보는 것'이라고 말하겠습니다. 사람은 누구나 다 삶의 가치가 있는 존재입니다. 그러므로 각자 자신의 가치를 가꾸어야 한다고 생각합니다.

사람의 가치를 더 가치 있게 만드는 것은 가치 있는 일들로 자신을 가꾸어 나갈 때라고 생각합니다. 그렇게 할 때 그 가치는 더 큰 가치가 된다고 생각합니다. 그렇기 때문에 현재를 살고 있는 사람들 모두가 자신의 가치 있는 삶을 가꾸어 살아가기를 바랍니다. 그랬을 때 자라나는 자녀들도 자신의 가치를 만드는 사회인으로 성장할 수 있을 것이라 생각합니다.

여행과 글쓰기가 마냥 쉬운 작업은 아닌 것 같습니다. 시간과 환경, 금전적인 요소들이 모두 충족되고, 강한 의욕이 융합되어야 가능한 일입니다.

이와 같은 일은 시간과 환경이 제공될 수 있도록 배려해주신 직장 동료들이 있었기에 가능했던 것이라고 봅니다. 특히 저와 함께 근무하면서 물심양면으로 도와주신 이동진 부장님, 그리고 직원분들께 감사드립니다. 또한 제가 이끌고 있는 가정이 존재할 수 있도록 키워주신 부모님, 처부모님, 그리고 큰누님, 형님, 작은누님, 처가 형제자매들께 감사드립니다. 린과 예린이가 세상에 존재하였기에 이와 같은 좋은 여행 경험을 할 수 있었습니다. 그들을 세상에 뜻깊은 존재로 있게 해준 사랑스러운 아내에게 감사의 마음을 전합니다.

마지막으로 여행 후 유학길에 오른 린과 예린이가 올바른 견문을 쌓고 무사히 돌아와 행복해지기를 바라며 이 글을 마치고자 합니다.

2018년 4월
벚꽃 구경하기 좋은 날

김영